THÉÂTRE EN COURT 1

12 PETITES PIÈCES POUR ADOLESCENTS

THÉÂTRE EN COURT 1

12 PETITES PIÈCES POUR ADOLESCENTS

Ouvrage publié avec le concours
du Centre national du livre

éditions **THEATRALES II JEUNESSE**

THEATRALES ❚❚ JEUNESSE

Des langages, des histoires, des délires,
cent façons de raconter le monde.
Des textes à lire, à dire, à écouter, à jouer.

UNE COLLECTION DIRIGÉE PAR FRANÇOISE DU CHAXEL

La représentation des pièces de théâtre est soumise à l'autorisation de l'auteur ou de ses ayants droit. Pour tout projet de représentation ou pour toute autre utilisation publique de ces textes, une demande d'autorisation devra être adressée à la SACD.

Image de couverture : Mathias Delfau

© 2005, Éditions Théâtrales
20, rue Voltaire, 93100 Montreuil-sous-Bois

Loi du 16 juillet 1949 sur les publications destinées à la jeunesse.
Le Code de la propriété intellectuelle interdit les copies ou reproductions destinées à une utilisation collective. Toute représentation ou reproduction intégrale ou partielle faite par quelque procédé que ce soit, sans le consentement de l'auteur ou de ses ayants droit, est illicite et constitue une contrefaçon sanctionnée par les articles L. 335-2 et suivants.

ISBN : 978-2-84260-170-6 • ISSN : 1629-5129

THÉÂTRE EN COURT 1
12 PETITES PIÈCES POUR ADOLESCENTS

Ouvrir l'appétit, par Françoise du Chaxel
et Jean-Pierre Engelbach 7

Howard Barker
Embrasse mes mains 9

Françoise du Chaxel
Blues 17

Xavier Durringer
Choco BN 25
Petits poissons 31

Daniel Keene
Une chambre à eux 41
La Visite 47

Sylvain Levey
*Quelques pages du journal
de la middle class occidentale* 57

Hanokh Levin
Représailles de printemps 69

Abel Neves
*Le Seau et les Trois Donzelles,
une histoire populaire* 81

Un tramway pour le ciel 97

Jean-Gabriel Nordmann
Dans les murs 107

Noëlle Renaude
La Chute du père 129

Les auteurs 141

OUVRIR L'APPÉTIT

« Le théâtre est un concentré de vie », écrivait Peter Brook, dans *Le diable c'est l'ennui*. Des auteurs aiment la concentrer encore plus. En quelques pages, quelques répliques, ils font naître une situation et la résolvent… ou pas, laissant l'imaginaire du spectateur combler les vides. Ils offrent un défi aux lecteurs et aux acteurs sommés d'y trouver vite leur chemin. Un défi mais aussi le plaisir de découvrir l'univers d'un auteur en quelques pages qui le définissent déjà.

Les textes rassemblés dans ce volume au gré de nos lectures et de nos découvertes balaient un large territoire, de l'intime à l'Histoire, ils font se rencontrer des écritures et des formes. Par ordre alphabétique, des auteurs nous racontent le monde, avec violence et tendresse, cruauté et indulgence.

L'Anglais Howard Barker explore la violence faite à l'homme par l'homme, quand la guerre n'est jamais finie. Françoise du Chaxel transcrit les doutes et les espoirs des adolescentes entre deux cultures. Xavier Durringer pose son regard tendre sur ceux qui n'ont pas encore trouvé leur place. L'Australien Daniel Keene installe un univers poétique où ses concentrés de vie sont emplis d'un espoir triste. Le jeune Sylvain Levey fixe sur la page l'intimité familiale en autant d'instantanés mordants. Hanokh Levin, l'Israélien, distille son humour terrible pour raconter l'inracontable. Abel Neves, le Portugais, crée des personnages tantôt espiègles, tantôt mélancoliques, toujours humains, le regard tourné vers les étoiles. Jean-Gabriel Nordmann porte un regard aigu sur les enfermements des adolescents. Noëlle Renaude avec son écriture acide fait merveille dans les portraits de famille.

Certains de ces textes sont déjà publiés dans des volumes de pièces courtes, d'autres sont inédits, d'autres encore ont été écrits dans des circonstances particulières. Ainsi, Xavier Durringer, pour *Petits poissons,* était en résidence d'écriture à Terrasson en Dordogne à l'écoute des habitants d'une cité. Jean-Gabriel Nordmann a écrit *Dans les murs*, une «fable contemporaine» où, comme à son habitude, il mêle symbolique et société, en réponse à une commande de la Maison du Geste et de l'Image à Paris pour des lycéens. Quant aux deux scènes de *Blues*, elles sont extraites d'un texte écrit par Françoise du Chaxel pour un groupe d'amateurs de Cergy-Pontoise, à la demande de l'Apostrophe, scène nationale.

Si certaines de ces pièces courtes ont été écrites pour des adolescents, pour la lecture ou pour le jeu, la plupart d'entre elles sont nées sans que leur auteur se soit soucié d'un public particulier. C'est une des ambitions de cette collection : attirer l'attention, emmener le jeune lecteur ou l'acteur débutant sur des territoires nouveaux.

Théâtre en court 1 fait s'entrechoquer des univers, se promène dans l'extrême diversité des écritures théâtrales et ouvre l'appétit.

Françoise du Chaxel et Jean-Pierre Engelbach

Howard Barker

EMBRASSE MES MAINS

Traduit de l'anglais par Sarah Hirschmuller
et Sinéad Rushe

In *Tableau d'une exécution/Les Possibilités, Œuvres choisies vol. 1*,
éditions Théâtrales/Maison Antoine Vitez, 2001

PERSONNAGES :

LA FEMME

LA VOIX

PREMIER TERRORISTE

SECOND TERRORISTE

TROISIÈME TERRORISTE

LE MARI

L'ENFANT

Les Possibilités *a été créée en octobre 2000 au théâtre de la Tempête. Mise en scène : Jerzy Klesyk. Avec : Suliane Brahim, Anaïs de Courson, Philippe Duclos, Matthieu Lagarrigue, Serge Maggiani, Adrien Michaux, Nada Strancar.*

C'est la nuit. Quelqu'un frappe à la porte, plusieurs fois. Une femme en chemise de nuit sort d'une chambre.

LA FEMME.- Nous n'ouvrons jamais la porte la nuit !

UNE VOIX.- Nous sommes tombés dans une embuscade et un ami a reçu une balle !

LA FEMME.- Quelle embuscade ?

LA VOIX.- Les terroristes !

LA FEMME.- Quels terroristes ?

LA VOIX.- Croyez-nous !

LA FEMME.- Comment voulez-vous que je vous croie ?

LA VOIX.- Vous êtes un être humain, pas un chien.

LA FEMME.- Je ne suis pas un chien, mais vous par contre...

LA VOIX.- Alors il va falloir qu'on trouve une autre maison, et notre ami mourra... !

LA FEMME.- Bon.

LA VOIX.- Dieu bénisse votre humanité !

LA FEMME.- Je l'espère.

Elle tire les verrous. Les terroristes se précipitent à l'intérieur.

PREMIER TERRORISTE.- Où est-il !

SECOND TERRORISTE.- Les chambres !

TROISIÈME TERRORISTE.- La cuisine !

LA FEMME.- Oh, que le Christ me rende sourde et vous prive de parole à jamais, vous avez tué l'élan de bonté, vous avez mis à mort le langage, vous êtes les terroristes !

PREMIER TERRORISTE.- Effectivement, et je regrette d'avoir à faire les choses de cette manière-là, mais votre mari et ses semblables doivent être extirpés de nos vies comme des verrues, et ensuite nous vous ramènerons de bons voisins, comme cela vous n'aurez plus besoin de serrure, je vous le promets !

Les terroristes entrent en traînant le mari, nu et ligoté.

LE MARI.- Tu les as laissés entrer...

LA FEMME.- Pardonne-moi, je croyais...

LE MARI.- Tu as aidé nos ennemis à m'assassiner.

LA FEMME.- Je ne pensais pas... je n'avais pas tué la voisine en moi... je m'excuse...

LE MARI.- Et maintenant je vais mourir parce que tu as fait comme aurait fait n'importe qui...

LA FEMME.- Lâchez-le! Vous m'avez trompée!

SECOND TERRORISTE.- Un jour, tout rentrera dans l'ordre ; et quand on frappera à la porte, vous ouvrirez...

LA FEMME.- NE PLUS JAMAIS OUVRIR DE PORTE.

TROISIÈME TERRORISTE.- Mais alors les innocents vont souffrir.

PREMIER TERRORISTE.- Emmenez-le dans le bois et là-bas, descendez-le.

LA FEMME.- NE PLUS JAMAIS OUVRIR DE PORTE.

LE MARI.- Vous m'avez fait haïr ma femme... dans mes derniers instants, vous m'avez fait ressentir une colère terrible contre ma femme...

SECOND TERRORISTE.- Très bien. Vous devriez passer par toutes les souffrances pour vos péchés. J'espère que votre enfant crachera sur votre tombe.

PREMIER TERRORISTE.- Quand nous serons partis, fermez la porte.

LA FEMME.- Laissez-nous seuls... donnez-nous un instant ensemble.

PREMIER TERRORISTE.- Si nous le faisons vous allez nous tromper.

LA FEMME.- Je jure que non.

PREMIER TERRORISTE.- Comment puis-je vous croire sur parole ? Nous vous avons cruellement trompée, vous auriez des raisons de nous trahir. Notre lutte anéantit les liens anciens ! Emmenez-le.

LA FEMME.- Pardonne-moi !

LE MARI.- Je voudrais... je voudrais bien, mais... je meurs par ta faute. Et j'avais tant de travail à faire, qui me remplacera au village ? J'aurais pu être utile à tellement de gens, et je péris par ta faute.

SECOND TERRORISTE.- J'adore. Je ne m'attendais pas à cela.

LA FEMME.- Bats-toi ! Bats-toi pour pardonner !

LE MARI.- JE VOUDRAIS !

LA FEMME.- Mais bats-toi !

LE MARI.- Ne m'emmenez pas encore ! *(ils le regardent fixement)* Pour survivre il nous faut apprendre tout ce que nous avons oublié, désapprendre tout ce que l'on nous a enseigné et, puisque nous sommes inhumains, venir à bout de notre inhumanité. Maintenant, embrasse mes mains... *(il lui tend ses mains liées, elle les embrasse)* Tout va bien entre nous, donc...

Ils l'emmènent, elle ne bouge pas, elle s'agenouille et se recroqueville.
Un temps.
Une voix d'enfant.

L'ENFANT.- *(hors scène)* Maman... *(un temps, l'enfant entre)* C'était quoi, ce bruit ?

La femme regarde fixement l'enfant.

LA FEMME.- Des tueurs.

L'ENFANT.- Maman, ne sois pas...

LA FEMME.- Va chercher l'oreiller sur ton lit. *(il sort, revient avec l'oreiller)* Donne-moi l'oreiller. *(il lui donne, elle le pose sur son visage. Il lutte, ils se battent comme si cela ne devait jamais finir. Soudain elle jette l'oreiller et prend l'enfant dans ses bras)* J'ouvrirai la porte... J'OUVRIRAI LA PORTE...!

Françoise du Chaxel

BLUES

Extrait de *Cergy's blues*, texte inédit

PERSONNAGES :

ALEXIA

DOUNIA

Cergy's blues a été écrite en février 2004 dans le cadre de l'atelier « Portrait sensible » organisé par l'Apostrophe-scène nationale de Cergy-Pontoise et animé par Anne-Marie Lazarini, pour : El Anrif Abdillah, Marion Briatte, Jimmy Bruneau, Olivier Cagnac, Chantal Duro, Michel Dumbardon, Dounia Errabia, Valentin Hazard, Alexia Hugon, Nils Hugon, Tristan Lhomel, Emmanuel Meyzeaud, Mélanie Platel, Stéphane Sasias et Rachel Tanguy.

FILLE 1.- Je t'ai vue sortir une photo de ta poche et la regarder. Je t'ai vue faire ça souvent. Une photo de qui ? De ton copain ?

FILLE 2.- De moi. De moi et de Samira, une amie. C'est la seule photo où je me trouve belle.

FILLE 1.- Tu me la montres ?

FILLE 2.- Je ne l'ai jamais montrée.

FILLE 1.- C'est comme tu veux.

Fille 2 lui montre la photo.

FILLE 1.- C'était où ?

FILLE 2.- Au Maroc, il y a quelques années. C'est la lumière de là-bas qui me rendait belle.

FILLE 1.- Et Samira ?

FILLE 2.- Samira était vraiment belle.

FILLE 1.- Était ?

FILLE 2.- Le lendemain de la photo, elle a appris que ses parents lui avaient trouvé un mari, un beau parti, vingt ans de plus qu'elle.

FILLE 1.- Elle a quel âge là ?

FILLE 2.- Seize ans, l'âge de se marier ont dit ses parents.

FILLE 1.- Ça lui plaisait ?

FILLE 2.- Te marier à un homme que tu ne connais pas, ça te plairait ?

FILLE 1.- J'peux même pas l'imaginer.

FILLE 2.- Chez nous c'est normal, les parents décident pour toi.

FILLE 1.- Comme chez Molière.

FILLE 2.- Molière c'était il y a des siècles. Ça se passe aujourd'hui.

FILLE 1.- Elle a fait quoi Samira ?

FILLE 2.- Elle a pleuré, supplié. Dit qu'elle se sentait encore une enfant. Rien à faire, ses parents avaient vendu son cœur. Quand elle a vu son mari, son cœur s'est arrêté. Mais elle a cédé. Elle a fait ce qu'elle devait faire. Le lendemain des noces, son mari l'a emmenée dans son village, dans sa famille. On ne l'a plus revue.

FILLE 1.- Moi, je me serais échappée.

FILLE 2.- Échappée ?

FILLE 1.- Je me serais cachée, j'aurais marché, marché, pris un bateau, changé d'identité. J'aurais rencontré un homme qui m'aurait aidée, sauvée, aimée.

FILLE 2.- Et tu serais devenue top model à New York! La vie, c'est pas du cinéma! Ses frères l'auraient retrouvée n'importe où.

FILLE 1.- Pas facile pour les filles chez vous.

FILLE 2.- Pas facile ici non plus. Là-bas les filles ne vont pas les jambes nues, ici, si tu montres ton corps on te méprise. Alors on le cache. Pour avoir la paix.

FILLE 1.- Les mecs ont peur, c'est bien connu.

FILLE 2.- Ils ont peur, mais ils font mal. Ils se font mal aussi.

FILLE 1.- Moi, je me serais tuée.

FILLE 2.- Parfois des filles se tuent. Le silence recouvre leurs corps.

Fille 1 prend la photo, la regarde.

FILLE 1.- J'aime pas le silence. Ses yeux disent qu'elle est heureuse.

FILLE 2.- Elle était heureuse ce jour-là. Comme moi ce jour-là.

FILLE 1.- Ce jour-là?

FILLE 2.- Les jours heureux c'est rare.

Fille 1 se lève et s'en va. Fille 2 chantonne un air de blues puis sort.

———

Fille 2 entre en chantant du blues. Fille 1 entre et l'écoute. Fille 2 la voit, cesse de chanter.

FILLE 2.- Quand je chante, je deviens quelqu'un d'autre. La couleur de ma peau ne compte plus. Je ferme les yeux et je suis ailleurs. Tout est possible.

FILLE 1.- Pas sûr. Billie Holiday, la grande chanteuse de blues, est morte parce qu'on l'a refusée à l'hôpital des Blancs.

FILLE 2.- Comment tu sais ça ?

FILLE 1.- Je le sais. Le blues c'est pas seulement le plaisir. C'est la douleur aussi.

FILLE 2.- La douleur et la dignité.

FILLE 1.- J'aime ce mot, la dignité.

FILLE 2.- Il faudrait l'écrire partout. Le taguer sur les murs du métro, sur les murs du lycée, sur tous les murs. Le plus beau des mots. Être une grande chanteuse de blues, mon rêve. Et toi, tu aimerais être qui ?

FILLE 1.- Une petite fille modèle.

FILLE 2.- Ça veut dire quoi ?

FILLE 1.- Atteindre la perfection.

FILLE 2.- La perfection, ça me fait peur. Je préfère les gens cabossés.

FILLE 1.- La perfection ça me rassure.

FILLE 2.- De quoi as-tu peur ? T'es blonde, t'es belle, t'as rien à craindre, sauf d'être trop regardée. Moi mon corps se cogne aux regards, mon pays me colle au cœur, même dans cette ville de toutes les couleurs.

FILLE 1.- J'ai peur de décevoir.

FILLE 2.- Décevoir qui ?

FILLE 1.- J'sais pas. Moi, en tout cas.

FILLE 2.- Le plus risqué.

Xavier Durringer

CHOCO BN

In *Chroniques des jours entiers, des nuits entières*, éditions Théâtrales, 1996

PERSONNAGES :

SYLVIE

GASPARD

Choco BN *a été créée en 1995 au centre culturel de Saint-Yrieix-la-Perche dans le spectacle* Polaroïd, *mise en scène de l'auteur.*

SYLVIE.- Moi tu sais pas ce que j'aime ? C'est quand il pleut et que les essuie-glaces font tchac-tchac-tchac et manger des Choco BN, tu le crois, ça ? J'en ai toujours dans mon sac, quand j'ai des biscuits c'est comme si je me sentais protégée et que rien de rien ne pourra m'arriver de mal, comme si j'avais un petit ange ou quelque chose au-dessus de ma tête...

GASPARD.- C'est moi qui te protège à présent.

SYLVIE.- Alors j'ai plus besoin de l'autre...

GASPARD.- Non, plus besoin, moi je remplace tous les anges de la terre, t'as un problème, tu me sonnes, j'arrive, de n'importe où, n'importe quand !

SYLVIE.- C'est extra, ça !

GASPARD.- C'est quoi qu'y a tatoué sur ton bras, là...

SYLVIE.- Ça... c'est rien, c'est vieux, c'est du passé, ça a pas d'importance, une erreur de gamine...

GASPARD.- Des initiales... J.-C... C'est Jésus-Christ, J.-C. Tu voulais être bonne sœur ou quoi ?

SYLVIE.- Non... pas du tout... c'est pas Jésus... C'est José un ancien mec... José Corda... un Portugais... Mais je te dis c'est une erreur de jeunesse...

GASPARD.- J'aime pas tes souvenirs.

SYLVIE.- C'est même plus des souvenirs, je me rappelle seulement de lui de José...

GASPARD.- Ah ouais...

SYLVIE.- Il était beau, grand, et il jouait au billard toute la journée...

GASPARD.- J'aime pas le billard.

SYLVIE.- Le dimanche matin il venait me chercher et on partait avec sa moto... T'as une moto toi ?

GASPARD.- Non j'ai même pas le permis...

SYLVIE.- Lui il avait toujours les mains pleines de cambouis, mais des mains incroyables, grandes et larges, de vrais battoirs pour taper sur les fesses il disait... Enfin, je vois pas pourquoi je te parle de lui... C'est fini tout ça...

GASPARD.- On dirait que ça te rend triste ?

SYLVIE.- Ça fait toujours quelque chose de parler de quelqu'un qu'on a aimé, non ?

GASPARD.- Je sais pas...

SYLVIE.- T'as jamais aimé quelqu'un plus que tout ?

GASPARD.- Je sais pas...

SYLVIE.- C'est que t'as jamais aimé comme moi, je te jure, c'est pas pour te faire de la peine mais tu t'en souviendrais si t'avais aimé, on peut pas oublier ces choses-là.

GASPARD.- Peut-être que t'as raison.

SYLVIE.- Allez fais pas la gueule ! Souris !

GASPARD.- C'est dur...

SYLVIE.- SOURIS !

Un temps.

GASPARD.- Parfois je me dis que j'aimerais être parachutiste pour me laisser flotter dans l'air comme ça, tranquille.

SYLVIE.- Faut comprendre, quand on est malheureux, on dit n'importe quoi.

Xavier Durringer

PETITS POISSONS

Texte inédit

PERSONNAGES :

LE PÈRE

LE FILS, ALI

Petits poissons *est l'un des textes écrits par Xavier Durringer en résidence d'écriture à la scène conventionnée de Terrasson, grâce au soutien de la Fondation de France, programme « nouveaux commanditaires ».*
Création de ces textes le 4 mars 2005 à la scène conventionnée de Terrasson, sous le titre : Les Déplacés. *Mise en scène : Xavier Durringer. Avec : Agoumi, Karim Ammour, Samia Heddadj.*

LE PÈRE.- Ça mord pas beaucoup aujourd'hui, c'est bizarre, pourtant j'ai fait comme d'habitude, exactement comme d'habitude, comme tous les jours, tous les jours de la semaine, six jours sur sept que Dieu m'a donnés avec le petit chômage et les petites indemnités, pour aller à la pêche tremper le bouchon. J'ai plus que ça à faire, à mon âge, soixante et onze ans. Et j'ai plus qu'un rêve, retourner définitivement au bled.
Ça doit être le ciel qui change, le temps, le fond de l'air ou un truc naturel, mais ça mord pas fort aujourd'hui.
J'ai bien préparé mes appâts. Hier soir je suis allé sur le terrain de foot derrière la maison et j'ai tapé avec une pelle, le plat de la pelle sur le sol, pour faire venir de beaux petits asticots, bien rouges et bien gras. J'ai imité la pluie, la pluie qui tombe sur le sol et tous ces petits carlouchis ont sorti le bout du nez, un tiers de seau. Je les ai mis au frais dans le bac à légumes, pas de problème, ça fait longtemps que c'est plus un problème les asticots dans le bac à légumes, pour ce qu'y a comme légumes dans le bac, carottes navets, ça va, ça se tient, ça se mélange bien...
J'ai tout fait correctement. J'ai préparé de la pâte et tout mélangé tout ça, vase camembert anisette.

J'ai lancé tout ça en plein milieu, mais quand ça veut pas, ça veut pas, ça vient pas, y a rien à faire, c'est le temps, le temps pourri d'ici qui change que d'un jour ou l'autre, je viens torse nu, ou enroulé dans un pull, en babouches ou bottes caoutchouc au choix.

Y a quelque chose qui se passe sous l'eau, ça je sais, l'eau qu'elle est trouble et tout, c'est les trucs de paysans, Mustapha i m'a dit, qu'est-ce tu vas tremper tes asticots dans le pesticide, les paysans i balancent des trucs pour les récoltes, les insectes et les petits mulots, même avec des avions i paraît, ça coule dans la terre, ça glisse vers les ruisseaux, les ruisseaux dans les rivières et je te parle même pas l'usine ce qu'i z'y mettent, du mercure qui se colle dans le foie des poissons, i paraît que les Japonais, y en a qui sont morts du foie des poissons, alors faut pas t'étonner si tes mômes i travaillent pas bien à l'école, c'est pas le phosphore que tu leur donnes c'est la sulfateuse qui les travaille au corps, du poisson pestiféré. Mousse i dit n'importe quoi sur mes enfants, y a personne qui le mange mon poisson, y a que moi, y en a des dizaines dans le bac à glaçons qui restent là à attendre à côté des glaces au chocolat que les filles n'arrêtent pas de bouffer à tout bout de champ, elles me disent papa, les Cornettos i puent, c'est plus du chocolat, c'est dégueulasse tes poissons !

C'est pas dégueulasse, c'est la nature, c'est de la perchette. J'ai entendu Rachid murmurer l'autre fois, on s'en bat les couilles de la perchette, bon il

a de la chance, il est bon au foot, il a intégré le club, i paraît qu'il est bon, à part dans la cité, je l'ai jamais vu jouer, i paraît qu'il a un avenir inchallah.
J'ai sept enfants un pour tous les jours, même pas un jour pour me reposer!
Et tous les jours à la pêche avec vos problèmes!
Quatre fils, trois filles, une femme!
J'aimerais pouvoir aller voir ce qui se passe en dessous, le dérèglement des eaux, même celle qu'on boit elle sent l'eau de javel, je voudrais voir, faudrait pouvoir aller là-dedans, sans bouger là et regarder ce qui se passe, les mouvements des poissons, le courant et dans le calme plat, où ils se laissent aller à dormir, ces petits enfoirés.
I z'en branlent pas une, comme toi.
Je mets du onze, c'est mieux le onze, c'est un peu plus petit que le douze, mais avec le onze, on peut choper plus gros, plus rare, mais plus gros, mais la différence est pas énorme.
Je suis arrivé dans ce pays en novembre 61. Je viens des montagnes. On est parti.
J'ai construit de mes mains la cité. Ton école. J'étais tellement heureux de construire l'école pour mes enfants. Je chantais derrière la bétonneuse.
L'éducation, savoir lire et écrire et compter tout ça.

ALI.- Je sais tout ça... Je la connais ta vie.

LE PÈRE.- Alors pourquoi tu viens à la pêche avec moi, alors que ça fait dix ans que t'es pas venu avec moi, qu'est-ce que tu as à me dire ou à me demander mon fils.

ALI.- Je vais me marier...

Le père ne répond pas.

ALI.- Papa, t'as entendu ce que je t'ai dit, je vais me marier...

LE PÈRE.- Avec qui ?

ALI.- Arrête, tu sais très bien avec qui ! Ça fait deux ans qu'elle habite à la maison ! Sous ton toit et tu me demandes avec qui ?

LE PÈRE.- Avec elle ? Tu vas te marier avec elle ?

ALI.- Oui.

LE PÈRE.- Et pourquoi ?

ALI.- Parce que je crois qu'on s'aime.

LE PÈRE.- Ha oui tu crois, tu crois, mon fils aîné croit, c'est une bonne nouvelle, mon fils aîné croyant, et toi petit croyant, tu crois que l'amour ça suffit toi ! Tu crois ça !

ALI.- Oui.

LE PÈRE.- Eh ben, on est pas sorti de l'affaire.

ALI.- Y a pas d'affaire.

LE PÈRE.- Y a quoi ?
Tu veux savoir ce que j'en pense ?

ALI.- Je sais ce que tu vas me dire.

LE PÈRE.- Alors pourquoi tu viens me voir si tu sais ce que je vais te dire ? Pourquoi tu viens ?

ALI.- Parce que t'es le seul à pas être au courant dans toute la maison.

LE PÈRE.- Ta mère est au courant?

ALI.- Depuis longtemps...

LE PÈRE.- Et qu'est-ce qu'elle en pense?

ALI.- Elle veut savoir si t'es d'accord.

LE PÈRE.- D'accord pour quoi?

ALI.- Pour le mariage papa.

LE PÈRE.- Si tu dois m'écouter une fois dans ta vie et Dieu sait si tu m'as pas écouté...

ALI.- Mais si je t'ai écouté, j'ai fait que ça de t'écouter... Mais tu parles de moins en moins... Papa, tous les jours t'es à la pêche et le soir tu parles pas, tu manges, tu regardes la télé, tu fumes une cigarette.

LE PÈRE.- Et pourquoi je parle de moins en moins?

ALI.- Je sais pas.

LE PÈRE.- Tu t'es pas posé la question?

ALI.- Non.

LE PÈRE.- Ha non. Parce que ça sert à rien que je te parle ou que je vous parle, vous m'écoutez pas. Pour l'école, tu m'as écouté? Pour le travail tu m'as écouté?

ALI.- Y a pas que l'école et le travail dans la vie.

LE PÈRE.- Ha oui, y a quoi alors tu veux me dire ? Y a quoi ? Je t'écoute.

ALI.- Je sais pas.

LE PÈRE.- Le business, c'est ça, y a le traficotage… le petit circuit parallèle.

ALI.- Commence pas, je suis pas venu te voir pour parler de ça.

LE PÈRE.- Alors de quoi t'es venu me parler, c'est la même chose, pas de brouzoufs, pas de femme, je fais pas alimentation générale, je suis pas épicier au coin de la rue à nourrir toute la famille.
Si tu dois m'écouter une fois dans ta vie mon fils. C'est maintenant. Te marie pas !

ALI.- Quoi !

LE PÈRE.- Te marie pas, t'en trouveras mille des comme elle, ça court dans les rues de partout. C'est pas bien ça, c'est pas de la présence qu'il te faut à toi, elle, elle fait de la présence à côté de toi… Tu t'es demandé pourquoi elle vit à la maison, sous notre toit depuis deux ans, dans ton lit que ta mère elle ferme les yeux, pourquoi ses parents l'ont foutue à la porte de chez elle ?

ALI.- Parce qu'elle est avec moi, un Arabe et que ça plaît pas vraiment à sa famille…

LE PÈRE.- Non, parce qu'elle est avec un feignant et qu'elle sait rien faire d'autre que d'être avec un feignant.

ALI.- Je suis pas feignant, y a pas de travail...

LE PÈRE.- Tu l'as dit toi-même, c'est pas moi, c'est une Française !

ALI.- Tu m'as toujours parlé de l'intégration.

LE PÈRE.- L'intégration c'est tout ce que tu veux mon fils, sauf de se marier avec une Française.
Et de pas faire de vagues.
Tu peux me laisser maintenant. Dis à ta mère que je ne rentrerai pas pour manger.

ALI.- Qu'est-ce que tu vas faire ?

LE PÈRE.- Réfléchir mon fils, réfléchir.

ALI.- Nous sommes intégrés papa, que tu le veuilles ou non.

LE PÈRE.- J'ai bien entendu, nous sommes tous les deux des intégrés, tu as bien entendu mon fils désintégrés, c'est-à-dire que nous n'existons plus, nous sommes désintégrés, pam, plus rien, nous ne sommes plus d'ici, ni d'ailleurs, nous sommes de nulle part, invisibles, disloqués, sur un claquement de doigts, nous n'avons plus de racines, nous sommes désintégrés pour moi.

Daniel Keene

UNE CHAMBRE À EUX

Traduit de l'anglais (Australie) par Séverine Magois

Texte inédit

PERSONNAGES :

ELLE

LUI

Une chambre à eux *et* La Visite *ont fait l'objet d'une commande d'écriture passée à Daniel Keene par la compagnie de la Cité et ont été montées dans le cadre du spectacle* Le Chemin des possibles, *premier volet d'un projet plus vaste intitulé* Où va le monde ?, *fruit du travail mené par le metteur en scène avec une vingtaine de comédiens non professionnels issus des quartiers Nord et du centre-ville de Marseille.*
Une chambre à eux *a été créée le 5 juin 2003 au Théâtre du Merlan, scène nationale de Marseille. Mise en scène : Michel André (compagnie de la Cité). Distribution : Harmony Lakhdari et Nicolas Marchini.*

nuit tombante
deux adolescents, un garçon et une fille
ils marchent dans une rue déserte
ils portent leurs effets dans des sacs en plastique

LUI.- Si on avait un peu plus d'argent on pourrait prendre une chambre

ELLE.- Où ?

LUI.- Il y a des chambres qu'on peut prendre je sais pas moi dans un hôtel il y a des gens qui vivent dans des chambres s'ils ont de quoi payer le loyer

longue pause

ELLE.- Tu veux prendre une chambre ?

LUI.- Je viens de dire que oui

ELLE.- Non pas du tout tu as juste dit qu'on pourrait

LUI.- De quoi tu parles ?

ELLE.- De toi et moi

LUI.- Quoi toi et moi ?

longue pause

ELLE.- On reste ensemble

LUI.- C'est bien

il l'embrasse
longue pause

ELLE.- J'ai fait un rêve qui parlait de toi tu devenais fou

LUI.- Ah oui ?

ELLE.- Tu mourais

LUI.- Comment ?

pause

ELLE.- Tu avais vraiment froid et tu n'avais nulle part où aller et tu marchais et marchais et puis tu as trouvé une adresse une vieille boutique qui était toute fermée et vide et tu as forcé la porte c'était une vieille boulangerie et tu es resté dedans mais tu avais toujours froid donc tu as grimpé dans un des grands fours qu'ils avaient là-dedans et tu as fermé la porte et tu t'es réchauffé vraiment réchauffé tout replié dans le four et puis tu as voulu sortir mais tu ne pouvais pas sortir tu essayais mais tu ne pouvais pas et tu es devenu fou dedans le four et tes yeux te sortaient de la tête et tu as arraché tous tes vêtements parce que tu avais si chaud mais tu ne pouvais pas tous les arracher parce que tu pouvais à peine bouger tu étais tout écrasé tu hurlais et hurlais et hurlais et puis tu es mort tu t'es juste étouffé et puis quelqu'un t'a trouvé et quand il a ouvert la porte du four tu es juste tombé à terre et tu étais tout noir tu étais noir comme si on t'avait brûlé mais on ne t'avait pas brûlé tu étais juste devenu noir de folie

pause

LUI.- Pourquoi tu as rêvé de ça?

ELLE.- Je ne sais pas

LUI.- Parce que tu me veux mort?

ELLE.- Non

pause

LUI.- Je mourrai un jour

ELLE.- Moi aussi

LUI.- C'est donc ça

pause

ELLE.- Tu crois qu'ils nous cherchent déjà?

LUI.- Ça ne fait pas très longtemps qu'on est partis

ELLE.- Mes parents ont sans doute appelé tes parents

LUI.- Puis ils ont appelé la police

pause

ELLE.- Quel genre de chambre on pourrait prendre? j'aimerais une grande chambre avec une fenêtre et un bon lit et des rideaux à la fenêtre comme ça on pourrait les fermer et empêcher la lumière de rentrer on pourrait prendre une chambre comme ça?

LUI.- Peut-être

pause

ELLE.- J'aimerais bien une chambre comme ça

LUI.- Peut-être qu'on peut en prendre une

ELLE.- Mais on n'a pas assez d'argent

LUI.- Il faudra d'abord qu'on trouve de l'argent

ELLE.- Comment on en trouvera ?

LUI.- On trouvera une solution

ELLE.- Tu es très fort pour trouver des solutions

LUI.- C'est vrai

pause

ELLE.- Tu peux en trouver une bientôt ?

LUI.- J'essaierai

ELLE.- Parce que j'ai froid

LUI.- Moi aussi

longue pause

ELLE.- Ce sera notre première nuit ensemble

LUI.- Oui

ils s'enlacent

Daniel Keene

LA VISITE

Traduit de l'anglais (Australie) par Séverine Magois

Texte inédit

PERSONNAGES :

LE PÈRE

LA FILLE

La Visite *a été créée le 5 juin 2003 au Théâtre du Merlan, scène nationale de Marseille. Mise en scène : Michel André (compagnie de la Cité). Distribution : Leïla Khoulalène et Sébastien Badachaoui.*

à bord d'un train
tard le soir
un homme est en train de faire la lecture à sa fille

LE PÈRE.- Il faisait très noir quand ils atteignirent les bois la nuit était soudain descendue comme le rideau qui tombe à la fin d'un spectacle et tout un monde est soudain balayé Marion s'agrippait à la main de son frère mais elle pouvait sentir qu'il était aussi apeuré qu'elle qu'allons-nous faire dit-il quand nous atteindrons la maison ? sa voix était très douce et elle pouvait le sentir trembler tu as froid ? dit-elle oui dit-il j'ai très froid elle se pressa tout contre lui c'est encore loin ? demanda-t-elle je ne suis pas bien sûr dit-il je n'y suis allé qu'au grand jour quand on atteindra la maison nous n'aurons qu'à frapper à la porte dit Marion mais son frère ne semblait pas entendre regarde ! dit-il et elle regarda et vit une grande chouette blanche fondant sur eux du haut d'une branche –

LA FILLE.- Quand est-ce qu'on sera là-bas ?

LE PÈRE.- Bientôt mon cœur bientôt

LA FILLE.- Tu as déjà dit ça

LE PÈRE.- La route est longue il faut que tu prennes patience

LA FILLE.- Combien de temps ça prendra ?

LE PÈRE.- On n'arrivera pas d'ici demain matin

LA FILLE.- Pourquoi ça prend si longtemps ?

LE PÈRE.- Parce que la route est longue

LA FILLE.- Alors pourquoi le train ne va pas plus vite ?

LE PÈRE.- Il va aussi vite qu'il peut

LA FILLE.- Alors pourquoi faut-il que ça prenne si longtemps ?

LE PÈRE.- Il faut juste que tu prennes patience veux-tu en entendre un peu plus de ton livre ?

LA FILLE.- Elle sera là ?

LE PÈRE.- Bien sûr qu'elle y sera

LA FILLE.- À la gare ?

LE PÈRE.- Pas à la gare

LA FILLE.- Pourquoi ?

LE PÈRE.- Il sera très tôt demain matin

LA FILLE.- Elle ne peut donc pas se lever tôt ?

LE PÈRE.- On la verra plus tard

LA FILLE.- Quand ?

LE PÈRE.- Dans l'après-midi

LA FILLE.- Pourquoi ?

LE PÈRE.- Elle sera au travail demain matin

LA FILLE.- Qu'est-ce qu'on fera jusque-là ?

LE PÈRE.- On descendra à l'hôtel

LA FILLE.- On peut déjeuner là-bas ?

LE PÈRE.- Si tu veux

pause

LA FILLE.- De quoi elle a l'air ?

LE PÈRE.- Que veux-tu dire ?

LA FILLE.- Je veux dire de quoi elle a l'air ?

LE PÈRE.- Elle a l'air pareil

LA FILLE.- Que quoi ?

LE PÈRE.- Que l'air qu'elle a toujours tu as oublié l'air qu'elle a ?

LA FILLE.- Je suis pas bien sûre

LE PÈRE.- Tu ne peux pas avoir oublié

LA FILLE.- Pourquoi donc ?

LE PÈRE.- Tu l'as vue le mois dernier

LA FILLE.- Elle aurait pu changer la couleur de ses cheveux

LE PÈRE.- Je ne pense pas

LA FILLE.- Qu'est-ce que tu en sais ?

LE PÈRE.- Je ne pense pas qu'elle l'ait fait c'est tout elle nous l'aurait dit si elle l'avait fait

LA FILLE.- Pourquoi elle nous dirait ?

LE PÈRE.- Je pense qu'elle le ferait

LA FILLE.- Pourquoi ?

LE PÈRE.- Pour qu'on n'aille pas penser qu'elle serait quelqu'un d'autre

pause

LA FILLE.- Elle est quelqu'un d'autre

LE PÈRE.- Oui et non

LA FILLE.- Je vais loger chez elle ?

LE PÈRE.- Pour le week-end

LA FILLE.- Et toi tu iras où ?

LE PÈRE.- Je logerai à l'hôtel

LA FILLE.- Pourquoi tu ne peux pas loger avec moi dans sa maison ?

LE PÈRE.- Elle t'y veut toute à elle

LA FILLE.- Tu te sentiras seul

LE PÈRE.- Un petit peu

LA FILLE.- Je suis obligée de loger dans sa maison ?

LE PÈRE.- Écoute ma puce on a déjà parlé de tout ça

LA FILLE.- Je ne me souviens pas

LE PÈRE.- Je suis sûr que si

LA FILLE.- Peut-être

LE PÈRE.- Maman veut que tu loges chez elle pour le week-end souviens-toi elle a demandé si tu pouvais et toi et moi on était d'accord que cette fois-ci tu pouvais si tu voulais

LA FILLE.- Est-ce que je veux ?

LE PÈRE.- Tu as dit que oui

LA FILLE.- Je ferai quoi là-bas ?

LE PÈRE.- Je suis sûr que maman a prévu quelque chose

LA FILLE.- Pourquoi tu l'appelles maman ? c'est pas ta maman c'est ma maman ta maman est très vieille

pause

LE PÈRE.- Tu aimerais en entendre un peu plus de ton histoire ?

LA FILLE.- Maman avant elle me chantait des chansons

LE PÈRE.- Je sais

pause

LA FILLE.- C'était pas si loin la dernière fois

LE PÈRE.- C'était tout aussi loin mais on est venus en avion la dernière fois

LA FILLE.- Pourquoi on n'est pas venus en avion cette fois-ci ?

LE PÈRE.- On n'avait pas les moyens

LA FILLE.- Tu aurais dû passer à la banque

LE PÈRE.- Je suis passé à la banque

LA FILLE.- Eux non plus n'avaient pas d'argent ?

LE PÈRE.- Ils ont tout plein d'argent mais c'est pas mon argent

LA FILLE.- Et maman elle a tout plein d'argent ?

LE PÈRE.- Pas vraiment

LA FILLE.- Elle en a plus que nous ?

LE PÈRE.- Je suis pas bien sûr

pause

LA FILLE.- Je suis fatiguée

LE PÈRE.- Essaie de dormir

LA FILLE.- À quoi je rêverai ?

LE PÈRE.- À quoi veux-tu rêver ?

LA FILLE.- Raconte-moi quelque chose

pause

LE PÈRE.- Sur le fait de voir maman ?

LA FILLE.- C'est pas un rêve ça

LE PÈRE.- Sur Noël

LA FILLE.- C'est trop loin

LE PÈRE.- Alors je ne sais pas mon cœur il va falloir que tu trouves quelque chose par toi-même

pause

LA FILLE.- Sur le fait de rentrer à la maison ?

LE PÈRE.- Si tu veux

LA FILLE.- Je rêverai de retourner à la maison

LE PÈRE.- Par le train

LA FILLE.- Oui par le train

Épilogue

nuit
le train
l'homme avec sa fille
elle repose endormie dans les bras de son père

LE PÈRE.- Elle souhaite que le monde ne soit pas tel qu'il est

Pourquoi aujourd'hui est toujours aujourd'hui ?

C'est quoi le passé ?

Elle souhaite que les beaux rêves que les animaux ne meurent jamais que les arbres toujours soient verts que les fleurs toujours s'épanouissent

Daniel Keene

Elle souhaite que rien ne change

Elle veut que Jésus la sauve mais elle ne sait pas trop de quoi il devrait la sauver peut-être qu'un jour elle pourra aller voir Jésus et lui parler elle aimerait lui parler du Père Noël

Elle aimerait mieux voler que marcher elle observe voler les oiseaux elle écoute leurs cris elle ne connaît pas le nom des oiseaux elle observe ce ne sont que des oiseaux

Elle parle dans son sommeil j'écoute mais je ne peux pas savoir ce qu'elle dit

Son âme est une chose qui vit dans les creux de son corps

Quand elle a froid sa peau se cache

Quand elle se sent seule le monde est en papier

La terre est ronde comme une orange

Je suis toujours là sauf quand je n'y suis pas

Parfois quand vous vous endormez vous pouvez vous endormir pour toujours

Parfois quand elle se réveille c'est le premier jour du monde

Sylvain Levey

QUELQUES PAGES DU JOURNAL DE LA MIDDLE CLASS OCCIDENTALE

Texte inédit

Week-end à la campagne. On a tué le cochon. Il a hurlé. On a tué le cochon et on l'a pendu par les pattes, la tête en bas et on l'a saigné et on a récupéré le sang dans une grande bassine et on a découpé la pauvre bête, on a tout découpé! Même les oreilles, même la queue, même les pieds. «Dans le cochon, tout est bon» nous a expliqué Guillaume, le fils de la ferme d'à côté notre maison de vacances pendant qu'on buvait un coup après le meurtre. Guillaume a donné un sucre à ma sœur parce qu'elle se sentait un peu vaporeuse comme elle le dit si bien (Guillaume est de plus en plus gentil avec ma sœur de dix-sept ans), moi j'ai dit que je voulais bien boire une bière mais Guillaume n'a pas voulu. «Les cochons sentent-ils venir la mort?» j'ai demandé. «Si la bête est nerveuse, sa viande rejettera de l'eau à la cuisson» il m'a répondu. Guillaume, quand il tue le cochon dans la ferme de ses parents, c'est pour le plaisir, pour la tradition mais quand il tue des milliers de cochons à l'abattoir, c'est un travail. «C'est pour les pépettes» il a plaisanté. Guillaume il est gentil, il ne veut pas électrocuter les cochons, il préfère les asphyxier au gaz carbonique. Parce que c'est moins brutal (et avant d'être asphyxiés, les cochons ont le droit à une douche calmante).

Papa, en sortant de table, sans doute pour se ressourcer, a roté. Maman l'a traité de cochon et je n'ai pas pu m'empêcher d'imaginer papa la tête en bas et le ventre à l'air et je peux vous dire que ça fait drôle de voir son père en saucisson, en boudin, en côtes de porc ou en tranches de jambon.

———

Happy new year. Tous les verres se sont remplis de champagne. Meilleurs vœux. Tous les convives se sont embrassés. Je souhaite beaucoup de bonheur à toute la famille. Sur la terrasse, le mini feu d'artifice a ravi les grands et les petits. Bonne santé. Surtout la santé. Le père m'a pris dans ses bras. Espérons que les affaires seront un peu meilleures a dit une dame à un monsieur. Le père s'est approché de ma sœur. Ma sœur a pris soin de l'éviter. Meilleurs vœux. *Happy new year.* La mère a fait semblant de ne rien voir, de regarder ailleurs. C'est dingue comme votre dernière a grandi. Bonne année à vous, à vos enfants et à votre mari. Tous les téléphones se sont mis à sonner. Merci bien les copains. Merci. Le père a mis la main sur la cuisse droite de ma sœur. Tous mes vœux ma chérie. Ma sœur a fermé les yeux. C'était la fête dans les beaux quartiers. C'était le jour. Le premier jour de l'année. «Alors jeune fille, lui a demandé une vieille dame au regard sympathique, tes résolutions pour le siècle à venir ? » Elle aurait voulu répondre : « Ne plus laisser le père poser la main sur moi et fermer à clef la porte de la salle de bains », mais elle n'a rien dit et la fête a continué. On touche les enfants à tous les étages. De toute façon.

Vacances de juillet à la campagne. Bal du 14. Ma sœur et moi avons eu la permission de minuit car nous étions accompagnés par Guillaume, le fils des voisins. J'ai voulu lancer quelques pétards, en compagnie des garçons du village, mais ils n'ont pas voulu. Ils m'ont traité de Parigot et ont chanté : « Parigot tête de veau, Parisien tête de chien. » Le feu d'artifice était à mon avis à la frontière du ridicule mais les gens du village avaient l'air contents quand même. Ces gens n'ont jamais vu de vrai feu d'artifice, ils n'ont jamais vu d'autres feux d'artifice que le leur. La musique était nulle, beaucoup trop d'accordéon, les filles pas très belles, pas très bien habillées et beaucoup plus grandes que moi. Guillaume et ma sœur ont dansé ensemble une bonne partie de la nuit. Guillaume n'arrêtait pas de parler à l'oreille de ma sœur, ma sœur n'arrêtait pas de rigoler. Je commençais à me trouver un peu seul et un peu con, j'avais soif aussi mais je n'avais déjà plus d'argent de poche. Tout dépensé dans deux cocas et une barquette de frites. Guillaume et ma sœur ont disparu pendant plus d'une heure. Je me suis décidé à les chercher et je les ai trouvés, derrière le préfabriqué qui sert de vestiaire aux footballeurs du village. Il était sur elle ou elle était sur lui, je ne sais plus trop. Ce que je sais, c'est qu'ils étaient très embêtés, autant que moi en tout cas. J'étais de trop. Je le sentais. Je suis parti. Guillaume m'a rattrapé. Il m'a demandé ce que je voulais en échange de mon silence. «Ton paquet de cigarettes», je lui ai répondu. Après une brève hésitation, il m'a donné son paquet de JPS noir et il est retourné faire le malin avec ma sœur. J'ai fini la soirée, allongé dans les gradins du stade de football à attendre qu'ils aient fini ce qu'ils avaient à faire, fumant cigarette sur cigarette devant le regard admiratif des garçons du village. J'étais devenu un héros, un chef, un champion.

Aujourd'hui c'est dimanche. Un beau dimanche avec des frites et du rosbif. Bon appétit. Bon appétit à vous aussi. Le dimanche c'est rosbif frites, deux œufs mimosa en entrée et une louche de mousse au chocolat en dessert. Aujourd'hui c'est dimanche, le jour du cholestérol. Il y a deux sortes de cholestérol. Le bon cholestérol et le mauvais cholestérol. Ma mère trouve que mon père a beaucoup trop de mauvais cholestérol, elle dit aussi qu'il ne fait plus du tout de sport. Mon père hausse les épaules, répond qu'il fait un peu de vélo au moment du tour de France et reprend des frites et du rosbif en disant que le rosbif c'est du bon cholestérol. « Et les frites ? Et les œufs mimosa ? Et la mousse au chocolat ?, demande ma mère en levant les yeux au ciel, c'est du bon ou du mauvais cholestérol ? » « Le vin rouge ça nettoie les artères, répond mon père, ça fait du bien par où ça passe », et il finit la bouteille.

Oh mon Dieu ! c'est jeudi. Le jour le plus long. Le jour de la honte. Oh mon Dieu ! ça a sonné. L'heure de ma fin a sonné. Mon cœur se soulève. J'imagine déjà les odeurs de pieds et de sueur mélangées à celles des toilettes pas toujours très propres. Vomir me ferait du bien mais je n'ai rien mangé ce matin. Je n'ai rien pu avaler. Ne pas s'inquiéter. Rester calme. Agir comme tous les jeudis. Prendre le moins de place possible, tout faire pour être invisible. Se confondre dans le décor comme un caméléon. Devenir banc, carrelage, portemanteau, miroir, lavabo, pourquoi pas éteindre la lumière et disparaître, traverser les murs, prendre le premier train pour le Honduras, se faire enlever par un commando terroriste, mourir d'un arrêt cardiaque au fond d'un cachot en Birmanie ou devenir souris et se faire bouffer toute crue par un chat de bonne famille. Tout mais pas ça. Pas ça mais malheureusement, je n'ai pas le choix. Alors, il va falloir rester calme, agir comme tous les jeudis, se déshabiller pour se rhabiller dans la foulée. Ne pas s'énerver, s'appliquer dans les manœuvres pour ne pas perdre de temps, pour ne pas oublier un pied en passant. Enlever son pantalon, rester, quelques secondes, jambes nues, culotte en coton, enlever le haut, accepter sans rien dire les remarques sur un soutien-gorge de toute façon inutile et un peu «comme celui qu'avait ma grande sœur», passer enfin sa combinaison de sport et respirer. Un grand coup. Oh mon Dieu ! je déteste le sport, je déteste les gymnases, je déteste les vestiaires de gymnase.

Je me fais du souci. Si les hauts placés de Paris sont venus aujourd'hui, vous croyez que c'est pour quoi ? Ce n'est pas pour visiter la région et manger des frites. C'est parce que la fonderie de plomb va fermer, au printemps prochain, certainement. Elle n'attire plus les actionnaires nous a expliqué la dame du journal télévisé. Ça fait un mois et demi que ça dure cette histoire de licenciement économique. Le moral est de plus en plus bas pour nous et pour le voisinage. J'ai vu pleurer mon père pour la première fois. Il a peur de ne plus pouvoir nourrir sa famille. Je lui ai dit qu'on pouvait manger moins, que je pouvais travailler pour l'aider. J'ai huit ans et des garçons de mon âge travaillent déjà dans le Sud de la France ou je sais plus où. Il m'a répondu entre deux sanglots que ce n'était pas la solution, que lui et ses copains de la fonderie allaient se battre. Hier, dans la salle à manger, il y a eu une réunion avec les gars de la syndicale. Si les actionnaires sont partis, c'est que la fonderie est trop polluante et les travaux trop importants. C'est vrai qu'il faudrait faire quelque chose car on habite à un kilomètre de l'usine et tous les enfants du lotissement ont des problèmes respiratoires, que même pour faire le café, on prend de l'eau minérale mais il ne faut pas que ça se sache car si l'usine ferme, ça va faire beaucoup de chômeurs et qu'on n'a déjà pas besoin de ça parce qu'on a déjà beaucoup souffert et que ce serait dégueulasse pour tous les ouvriers qui n'y sont pour rien et pour les jeunes comme mon frère qui n'auront pas de boulot et qu'il y a d'autres usines qui polluent alors c'est tout le monde ou personne. Je ne sais plus comment s'est terminée la réunion syndicale, je me suis endormi dans le canapé. Ce que je sais c'est qu'a priori, il n'y a pas beaucoup de solutions.

Elle n'habite même pas le quartier. Elle habite au sixième étage d'un immeuble HLM de la rue de Pologne. Mon père appelle ce quartier le ghetto de Varsovie. Non mais si c'est vrai je vous le jure. C'est une gitane, une manouche, elle vient à l'école quand elle a le temps, «entre deux trafics de mobylette» comme dit ma mère. Cette fille est un vrai fantôme, elle est absente pendant des semaines et elle apparaît, un jour ou deux, puis disparaît une bonne quinzaine et ainsi de suite. Est-ce que quelqu'un sait ce qu'elle fait et où elle est quand elle n'est pas à l'école ? Moi je sais, elle vole des poules, non mais si c'est vrai je vous le jure. Elle est presque rousse. En tout cas, elle a les cheveux gras pas souvent propres. Elle est hypra maquillée, habillée vulgaire avec des talons hauts et tout. À son âge elle se prend pour une dame. Toutes les filles sont de mon avis. Elle est ridicule. Et pourtant. Et le pire. Elle plaît aux garçons. Qu'est-ce qu'ils lui trouvent à cette pétasse ? Excusez-moi d'être vulgaire. Qu'est-ce qu'elle a de plus que nous ? Non mais c'est vrai, c'est injuste. Je n'aime pas cette fille. Elle n'est pas de chez nous. Je n'aime pas cette fille, je ne suis pas la seule mais moi je le dis, les autres filles ont peur. Pas moi.

———

Mon père est le patron de milliers de choses. J'ai vu mon père pour la dernière fois à l'automne dernier. Il m'a juste demandé en quelle classe j'étais et comment je m'appelais. Ma mère est la patronne de milliers de choses. J'ai croisé ma mère, par hasard, un matin d'été, en sortant de la salle de bains. «As-tu des nouvelles de ton père?», m'a-t-elle demandé. «Je l'ai aperçu l'automne dernier, il avait l'air fatigué», je lui ai répondu.

Hanokh Levin

REPRÉSAILLES DE PRINTEMPS

Traduit de l'hébreu par Laurence Sendrowicz

In *Théâtre choisi vol. III, Pièces politiques*,
éditions Théâtrales/Maison Antoine Vitez, 2004

PERSONNAGES :

L'ARABE

LE JUIF

LES PLEURS D'UN BÉBÉ

UNE VOIX DE FEMME

Sketch tiré de Approche, gentil petit soldat, *décembre 1966.*

L'Arabe est assis. Il boit un café. À pas rapides entre le Juif en costume de VRP, une petite valise à la main. Il ne remarque pas l'Arabe, se dirige directement vers un côté de la scène, pose sa valise, l'ouvre, et, tout en sifflotant gaiement, en sort des fils électriques emmêlés et des explosifs. L'Arabe le regarde avec une perplexité croissante. N'en pouvant plus, il se lève et s'approche.

L'ARABE.- Excusez-moi...

LE JUIF.- Oui ?

L'ARABE.- *(recule)* Non, rien.

LE JUIF.- Qu'est-ce que tu fais là, toi ?

L'ARABE.- Rien du tout, je... j'habite ici, c'est tout.

LE JUIF.- *(se lève, ravi)* Ah, tu habites ici. Excuse-moi, je ne t'avais pas remarqué. *(il lui tend la main)* Ravi de faire ta connaissance. *(ils se serrent la main)* Zilbermann, du Génie militaire. Affecté à la construction.

L'ARABE.- Enchanté, moi, c'est Hassan.

LE JUIF.- *(tire un document de sa poche)* Représailles, opération numéro 67/PT/411. Je t'en prie, vérifie.

Il lui tend le document.

L'ARABE.- *(lit et le lui rend)* Parfait. *(il retourne s'asseoir sur sa chaise)* Un petit café ?

LE JUIF.- Non merci, je suis hyper pressé. On a commencé un peu tard aujourd'hui.

Il recommence à tirer des fils et à les attacher entre eux.

L'ARABE.- Vous avez prévu quelque chose de spécial, cette fois ?

LE JUIF.- Non, la routine.

L'ARABE.- Les maisons ?

LE JUIF.- Les maisons.

L'ARABE.- *(mal à l'aise)* Les maisons, euh... avec les gens dedans ou sans ?

LE JUIF.- Avec. Non, un instant, sans. Non, si... attends, je vais regarder, je suis complètement à côté de mes pompes aujourd'hui. *(il tire à nouveau la feuille de sa poche et la lit)* Sans.

L'ARABE.- *(prend une profonde inspiration)* C'est mieux.

LE JUIF.- Hein ?

L'ARABE.- J'ai dit : « C'est mieux. »

LE JUIF.- Oui, c'est plus humain.

L'ARABE.- Dans ce cas, on peut aller réveiller les enfants, non ?

LE JUIF.- Les enfants ? Quels enfants ? Pourquoi des enfants ? Ah, les enfants ! *(il regarde son document)* Évidemment ! Dépêche-toi s'il te plaît, je dois me grouiller, qu'on n'ait pas de retard technique.

L'ARABE.- Ne vous inquiétez pas, nous sommes des gens très calmes.

LE JUIF.- Cette opération compte pour ma maîtrise, tu comprends ? Alors je ne peux pas me permettre de bavure.

L'ARABE.- Je comprends.

LE JUIF.- Merci.

Il retourne à ses fils électriques.

L'ARABE.- *(s'approche de la porte et appelle)* Fatima ! Fatima !

VOIX DE FEMME.- *(off)* Oui, Hassan, qu'est-ce qui se passe ?

L'ARABE.- Des représailles, Fatima !

VOIX DE FEMME.- *(off)* Dis-lui de revenir demain !

L'ARABE.- *(furieux)* Rassemble immédiatement les enfants et quelques affaires, Fatima, ce n'est pas Choukeiry, c'est l'armée israélienne, et ils sont pressés !

VOIX DE FEMME.- Pourquoi ne viennent-ils pas en début de soirée, Hassan, ça nous éviterait de réveiller les petits ! Pourquoi faire sauter des maisons après minuit, tu peux m'expliquer ?

LE JUIF.- Elle râle ?

L'ARABE.- Non, non, tout va bien, elle est juste un peu contrariée à cause des gosses. Hier, ils avaient de la fièvre. *(un temps)* Mais on peut compter sur elle, elle est déjà en train de pousser tout le monde dehors.

Un temps.

LE JUIF.- *(tout en travaillant)* Vous avez essayé l'Advil ?

L'ARABE.- La ville, pourquoi ? Vous faites pareil en ville.

Il fait un geste d'explosion.

LE JUIF.- Non, je parlais des gosses.

L'ARABE.- Mais vous avez dit qu'aujourd'hui c'était sans les gens !

LE JUIF.- Je parlais de leur fièvre. L'Advil, c'est très efficace.

L'ARABE.- Ah.

LE JUIF.- Contre la fièvre. Fais-moi penser à te laisser mon flacon quand j'aurai fini.

L'ARABE.- Merci. On croyait que c'était à cause du changement de temps et que ça passerait tout seul.

LE JUIF.- Si tu veux mon avis, il ne faut jamais laisser traîner ce genre de chose. La santé, c'est précieux.

L'ARABE.- Merci. *(un temps. Le Juif se perd dans tous ses fils)* Je peux peut-être vous aider ?

LE JUIF.- C'est pas de refus. Si tu pouvais commencer à placer la dynamite dans les coins, ce serait super.

L'ARABE.- Avec plaisir. *(il se met au travail)* Vous... excusez-moi de vous poser autant de questions, mais... vous détruisez uniquement ma maison ou tout le village ?

LE JUIF.- Toute la région.

L'ARABE.- Ah, alors c'est du sérieux.

LE JUIF.- Je veux : les élections !

L'ARABE.- Ah.

LE JUIF.- *(il en a terminé avec les fils électriques et essuie un pain de dynamite avec un mouchoir)* C'est bon. Et toi, tu as terminé ?

L'ARABE.- Oui. *(il regarde autour de lui)* Vous êtes sûr que ça suffira ?

LE JUIF.- Sûr et certain. *(il pose une main amicale sur l'épaule de l'Arabe)* Allez viens, tirons-nous de là.

Ils s'apprêtent à sortir.

L'ARABE.- *(s'arrête)* Peut-être encore un peu de dynamite... Au cas où...

LE JUIF.- T'inquiète, il ne restera pas un seul mur debout. *(ils sortent. Explosion. Noir. Lumière. La maison est détruite, la chaise de Hassan cassée. Des pleurs de bébé se font entendre. Le Juif ressurgit, écarte les bras, ému)* Avec un peu de bonne volonté, tout pourrait être si simple ! *(à l'Arabe, qui réapparaît)* Regarde, regarde la place qu'on a maintenant !

L'ARABE.- Oui, ça... pour une vue dégagée, c'est une vue dégagée.

LE JUIF.- L'architecture intérieure, c'est ma spécialité.

L'ARABE.- *(ramasse le pied de la chaise)* Du bon boulot.

LE JUIF.- Quand j'étais gosse, j'étais très attiré par l'art environnemental, mais finalement à dix-huit ans, j'ai opté pour une carrière dans les explosifs.

L'ARABE.- Et on peut dire que ça vous réussit.

LE JUIF.- Oui, mais ma femme aurait préféré l'aviation. Elle trouve que c'est moins risqué. Elle a toujours peur que je lui ramène des puces à la maison. *(il tire une photo de sa poche et la lui tend)* C'est elle.

L'ARABE.- *(regarde la photo)* Jolie.

LE JUIF.- Elle a repris la fac. Elle étudie la littérature et la Bible. « Le loup habitera avec l'agneau... bla-bla-bla... » Oui, je suis marié et père de trois enfants.

L'ARABE.- C'est beau, la famille.

Les pleurs de bébé se renforcent.

LE JUIF.- *(énervé)* Qu'est-ce qu'il a, celui-là ?

L'ARABE.- Rien. Juste un éclat qui lui a crevé l'œil.

LE JUIF.- L'œil ?

Il enfouit son visage dans ses mains et se met à pleurer doucement.

L'ARABE.- Ne pleurez pas, monsieur Zilbermann. Ce n'est rien, vraiment rien. Et puis, de toute façon, il avait un orgelet à cet œil-là. *(un temps. Le Juif continue à pleurer)* Allez, calmez-vous, ça me fend le cœur de vous voir dans cet état-là !

LE JUIF.- *(toujours pleurant)* Pourquoi c'est toujours à moi que ça arrive ? Des éclats dans les yeux, des... Si seulement je pouvais, ne serait-ce qu'une fois, faire du travail propre...

L'ARABE.- Mais il est propre votre travail, très propre, monsieur Zilbermann...

LE JUIF.- Facile à dire.

L'ARABE.- Mais non, vraiment. C'est quoi, un œil ? Pas plus grand que ça. Un de plus, un de moins...

LE JUIF.- Mais... ça compte pour ma maîtrise !

L'ARABE.- Ne vous inquiétez pas, monsieur Zilbermann, on ne le dira à personne. *(le Juif se calme progressivement)* Vous verrez que tout se passera bien, ce n'est pas la peine de vous faire du mauvais sang. Vous l'obtiendrez, votre maîtrise. *(le Juif sèche ses larmes dans un mouchoir)* Et puis, vous aurez encore de nombreuses occasions de faire vos preuves, des missions comme celle-ci, vous en aurez beaucoup, vous acquerrez de l'expérience, tout vient avec le temps.

Le Juif sourit, rassuré, les pleurs de bébé s'arrêtent.

LE JUIF.- Merci, Hassan. Je suis content que tu voies les choses sous cet angle et que tu fasses preuve d'une réelle volonté de coopération.

L'ARABE.- Pourquoi en serait-il autrement, monsieur Zilbermann, quoi, vous me prenez pour un égoïste ?

LE JUIF.- C'est que justement, il y en a, des égoïstes. Des qui ne pensent qu'à eux, qui refusent de mourir, par exemple.

L'ARABE.- Pas moi, monsieur Zilbermann. Moi, quand on me montre un papier officiel qui dit que ma maison doit sauter, pas de problème. Ce qui est écrit, est écrit.

LE JUIF.- Exactement. Et qu'il n'y ait pas de malentendu entre nous : ce n'est pas vraiment une opération de représailles mais plutôt de dissuasion.

L'ARABE.- Évidemment, une opération de...

LE JUIF.- Que nous menons… pas parce que nous le voulons, mais parce que nous y sommes contraints.

L'ARABE.- Évidemment.

LE JUIF.- Parce que si nous avions voulu, nous aurions pu faire bien pire, et tu le sais.

L'ARABE.- C'est vrai ça, je vous félicite. Vraiment. Bravo.

LE JUIF.- Bon. *(il sort un formulaire de sa poche)* Et maintenant, signe en bas, s'il te plaît, en deux exemplaires.

L'ARABE.- C'est quoi ?

LE JUIF.- Une déclaration sur l'honneur. *(il lit)* Je, soussigné Hassan Machin, résidant dans le village Machin, déclare par la présente que dans le cadre de l'opération numéro 67/PT/411 du 2 avril 1967, ont été effectués chez moi les travaux suivants :

1 – Destruction totale de ma maison. Tout a été soufflé, y compris la cuisine et les toilettes.

2 – Débranchement du système électrique et des canalisations menant à ma maison.

Ces travaux m'ont donné entière satisfaction et je n'engagerai aucune poursuite à l'encontre de l'entrepreneur ou du Génie militaire. *(il tend un stylo à l'Arabe, qui signe. Le Juif plie rapidement le document, le met dans sa poche, ferme sa valise, regarde autour de lui)* Tu n'aurais pas vu mon chapeau ?

L'ARABE.- Non. *(regarde aussi autour de lui)* Il s'est peut-être envolé au moment de l'explosion.

LE JUIF.- L'explosion ? Quelle explosion ? Ah, l'ex... Oui, c'est possible. *(regarde encore autour de lui, retenant sa colère)* Enfin, toute opération exige un sacrifice.

L'ARABE.- C'est la vie.

LE JUIF.- Bon, eh bien... *(il tend la main à l'Arabe)* Au revoir, Hassan.

L'ARABE.- *(lui serre la main)* Au revoir, monsieur Zilbermann, et merci.

LE JUIF.- Y'a pas de quoi.

Il s'apprête à sortir.

L'ARABE.- *(crie dans son dos)* Et revenez quand vous voulez.

LE JUIF.- Pour ça, tu peux compter sur nous. On reviendra en été. *(il sort. Un temps. Revient au bout d'un instant, tire quelque chose de sa poche et le tend à l'Arabe)* Tiens, le flacon.

Abel Neves

LE SEAU
ET LES TROIS DONZELLES,
UNE HISTOIRE POPULAIRE

Traduit du portugais par Alexandra Moreira da Silva

In *Au-delà les étoiles sont notre maison*, éditions Théâtrales, 2004

PERSONNAGES :

LA PREMIÈRE FILLE

LA DEUXIÈME FILLE

LA TROISIÈME FILLE

Une fille est assise sur un tabouret. Pause. Entre la deuxième fille. Les jupes des filles sont évasées et colorées.

LA PREMIÈRE.- Je vais me laisser pousser les cheveux jusqu'aux fesses. *(pause)* Pour après avoir le plaisir de les couper.

Pause.

LA DEUXIÈME.- Je te jure qu'on n'a pas triché. C'est tombé sur toi, cela aurait pu tomber sur une autre de nous trois.

LA PREMIÈRE.- Bien sûr.

Pause.

LA DEUXIÈME.- J'ai envie de petits gâteaux avec de la gelée.

LA PREMIÈRE.- Tu as de la pâte de coings dans le placard.

LA DEUXIÈME.- Tu as fini la gelée ?

LA PREMIÈRE.- Elle était presque finie, non ?

Pause, entre la troisième fille qui dépose un seau en plastique devant la première.

LA TROISIÈME.- Il vaut mieux qu'on fasse ça vite, il ne faut pas traîner. *(pause)* C'est la vie, putain, on ne va pas rester là comme des débiles à regarder le seau.

LA PREMIÈRE.- Avec ta manie de laisser la porte ouverte, voilà ce que ça donne.

LA TROISIÈME.- Maintenant, c'est trop tard.

LA DEUXIÈME.- C'est la nouvelle lune, non ?

LA PREMIÈRE.- Oui.

Brève pause.

LA TROISIÈME.- Bon, je peux les apporter ?

LA PREMIÈRE.- Non, attends. *(brève pause)* Je ne sais pas si je vais y arriver, je n'ai jamais fait ça.

LA TROISIÈME.- Nous non plus, c'est pour ça qu'on a tiré au sort... Ne cherche pas midi à quatorze heures.

LA PREMIÈRE.- Ben oui, mais c'est moi qui dois faire la partie la plus chiante. *(brève pause)* Pourquoi tu n'as pas mis d'eau dans le seau ?

LA TROISIÈME.- C'est toi qui sais la quantité qu'il faut mettre.

LA PREMIÈRE.- Je n'en sais rien, moi ! Et il faut le faire aujourd'hui ?

LA DEUXIÈME.- On ne peut pas continuer comme ça éternellement, c'est le bon moment, je pense.

LA PREMIÈRE.- Ce qui me paraît bizarre, c'est qu'il y ait des gens qui fassent ça comme s'ils avalaient un verre de limonade. *(brève pause)* Et si on restait tranquilles et on laissait faire la nature.

LA TROISIÈME.- Fais les comptes. Sept fois sept...

LA PREMIÈRE.- *(l'interrompant)* Sept fois sept ?! C'est quoi ça ?

LA TROISIÈME.- Ce ne sont pas tous des femelles mais ça revient au même, si les nôtres ne niquent pas, celles qui sont dans les parages le feront. Je te donne un chiffre approximatif, rond comme la lune : dans deux ans, si tu ne te décides pas à le faire, on aura dans le jardin environ cinquante chats, sans compter ceux qui vont trouver la colonie de vacances sympa et qui en moins de deux planteront leur tente dans l'hôtel des autres.

LA PREMIÈRE.- Tu es sûre qu'il y en a sept ?

LA DEUXIÈME.- Tu les as aussi comptés, non ?

LA PREMIÈRE.- Il y en avait sept, oui... Mais moi, je les balance dans le seau, c'est tout. Après c'est toi qui prends le seau et tu fais ce que tu veux avec.

LA TROISIÈME.- J'ai déjà creusé le trou près du figuier.

LA DEUXIÈME.- Près du figuier ?! Putain, la chatte va passer son temps à miauler sous l'arbre.

LA TROISIÈME.- C'est la nature, qu'est-ce que tu veux?, et au moins on les enveloppe avec une bonne terre.

LA PREMIÈRE.- Sept fois sept... Il paraît qu'ils mettent du temps à partir, pas vrai?

LA DEUXIÈME.- Bien sûr, peut-être que tu vas devoir garder la main dans l'eau pendant quelques minutes.

LA PREMIÈRE.- Ils vont hurler, des hurlements insupportables... et après, qu'est-ce qu'on fait avec la chatte? Faire ça à une mère...

LA DEUXIÈME.- C'est pour ça qu'on a tiré au sort, maintenant c'est fait, c'est toi et voilà, ce n'est pas la peine de continuer ce bla-bla, c'est triste, c'est comme ça, c'est la vie!

LA PREMIÈRE.- Tu es très pragmatique parce que ce n'est pas toi qui vas les noyer dans cette saloperie de seau.

LA DEUXIÈME.- Peut-être, mais qu'est-ce que tu veux que je fasse? Il faut bien qu'on règle le sort de la portée qui est sous le placard de la cuisine, le reste, on en parlera plus tard, quand la chose sera faite.

LA PREMIÈRE.- J'avais déjà acheté un biberon. *(brève pause)* J'ai acheté un biberon en pensant que la chatte pourrait rejeter un des petits... ça arrive, non?

LA TROISIÈME.- Un biberon ?! Normalement, on leur donne du lait très dilué à l'aide d'une seringue, mais un biberon !

LA PREMIÈRE.- Ben oui, une seringue, j'ai dit biberon mais je voulais dire seringue, je l'ai achetée à la pharmacie.

LA DEUXIÈME.- Pour un peu, ils vont penser que tu te shootes.

LA PREMIÈRE.- Ils me connaissent à la pharmacie, madame Bonnevie...

LA TROISIÈME.- C'est le nom de son mari, la pauvre...

LA PREMIÈRE.- J'ai fait attention de lui dire que la seringue allait servir à allaiter un chat.

LA DEUXIÈME.- Ah bon ?

LA PREMIÈRE.- Oui, pourquoi ?

LA DEUXIÈME.- Tu n'as pas à te justifier, maintenant ils vont penser que c'est une excuse à cause de la drogue.

LA PREMIÈRE.- Je m'en fous...

Pause.

LA TROISIÈME.- Tu remplis le seau ? Je vais les chercher.

LA PREMIÈRE.- Je me souviens que Tony, à un moment, il voulait un chat.

LA DEUXIÈME.- À un moment, oui... il voulait... un seul... on en a sept, n'est-ce pas ?

LA PREMIÈRE.- On pourrait au moins en sauver un.

LA TROISIÈME.- Comme ça, ça va pas, on ne va pas réciter une fois de plus la liste de ceux qui, je ne sais pas quand, voulaient un chat, on a déjà parlé de Tony je ne sais combien de fois. *(pause)* Oh, putain! Vous êtes sorties avec lui aussi! Alors qu'est-ce qui vous étonne?

Brève pause.

LA DEUXIÈME.- Mais on n'a rien dit.

LA TROISIÈME.- Comme d'habitude, vous ne dites rien, mais vous n'en pensez pas moins.

LA PREMIÈRE.- Je mets la main comme ça dans le seau, dans l'eau, et les pauvres, ils se mettent à hurler?... Je ne vais pas y arriver. Et si on en parlait à la voisine?

LA DEUXIÈME.- Si tu lui parles de chat, elle va devenir folle. Déjà une fois, elle a balancé ses lunettes sur la chatte juste parce qu'elle s'était allongée sur son matelas de plage, elle est complètement allergique, tu te rends pas compte?

LA TROISIÈME.- Je vais les chercher.

LA PREMIÈRE.- Attends! Et la SPA?

LA DEUXIÈME.- Pour un peu, tu appellerais le président de la République.

LA PREMIÈRE.- Pourquoi es-tu parfois aussi bêtement banale? *(brève pause)* J'ai au moins le droit de me préoccuper de ce que je vais faire, non?

LA TROISIÈME.- On en a déjà parlé, il y a le droit à la vie, mais il y a aussi le droit à la mort, et puis, écoute, ils sortent des eaux du placenta de la mère et ils vont directement dans d'autres eaux, ils ne vont pas sentir une grande différence.

LA PREMIÈRE.- Encore une pragmatique ! Mais tu es qui, toi, pour te permettre de donner des avis sur les sentiments des bêtes dans l'eau ?

LA TROISIÈME.- Je suis une femme, non ?

LA DEUXIÈME.- Tu sais ce que je pense ? Tout ça, c'est parce que c'est à toi qu'est revenue la tâche de mettre les minets dans le seau, car si c'était à moi, je tiendrais probablement ton discours. Dis-toi que ce n'est pas toi qui vas le faire, ne pense à rien, ou mieux, pense qu'on doit le faire et c'est tout, la main qui plonge dans le seau avec une petite chose qui ne connaît rien de ce monde ni de l'autre et qui peut même hurler mais ce n'est pas de la douleur qu'elle ressent, c'est juste un hurlement qui est inscrit dans ses codes génétiques, rien de plus. Ne te mets pas à te triturer les méninges, mets ta main dans le seau et si tu veux penser, pense que tu les soulages du poids du monde, c'est ça, si tu veux penser, pense à ça.

LA PREMIÈRE.- Je vais mettre la main dans le seau sept fois... sept hurlements... et après les hurlements mêlés... et ils nagent ou quoi ?

LA TROISIÈME.- Comment veux-tu qu'ils nagent si tu les tiens fermement dans l'eau ? Merde, d'ici peu, on aura cinquante chats dans le jardin et toi, tu es là, en train de regarder le seau.

LA PREMIÈRE.- Je suis désolée mais il faut que je me prépare, ce n'est pas facile.

LA TROISIÈME.- D'accord, prépare-toi donc.

Pause.

LA PREMIÈRE.- Peut-être qu'une annonce dans le journal...

LA DEUXIÈME.- Je t'en prie !...

LA PREMIÈRE.- J'en ai même déjà vu dans les boutiques... Donne des chats. *(brève pause)* Il fallait que ça tombe sur moi...

LA TROISIÈME.- C'est le destin, oui... Je peux aller les chercher ?

LA PREMIÈRE.- Je ne peux pas le faire dehors ?

LA DEUXIÈME.- La voisine va halluciner.

LA PREMIÈRE.- Ben oui, les voisins... ils vont me regarder autrement.

LA TROISIÈME.- Ils le font déjà, ne t'inquiète pas.

LA PREMIÈRE.- Ils le font déjà, comment ça ?

LA TROISIÈME.- J'en sais rien ?! Ça m'est venu comme ça.

Brève pause.

LA DEUXIÈME.- J'ai vraiment envie de petits gâteaux avec de la gelée.

LA TROISIÈME.- Et pourquoi tu n'en manges pas ?

LA DEUXIÈME.- Elle a fini le pot.

LA TROISIÈME.- Il y a de la confiture de pêches, je l'ai faite il y a quelques jours.

LA PREMIÈRE.- Il y en avait.

LA TROISIÈME.- Et la pâte de coings ?

LA PREMIÈRE.- Elle est dans le placard. *(pause)* Tu as raison, si tu étais à ma place, je ne tiendrais pas ce discours. Je serais en train de dire, j'ai envie de petits gâteaux avec de la gelée, ce serait beaucoup plus commode.

LA DEUXIÈME.- Le trou, tu l'as creusé à quelle profondeur ?

LA TROISIÈME.- À cinquante centimètres environ, ça suffit.

LA DEUXIÈME.- On a de la chaux, n'est-ce pas ?

LA PREMIÈRE.- On va mettre de la chaux ?

LA DEUXIÈME.- Ça c'est mon boulot après... la chaux, la terre, les petits chats...

LA PREMIÈRE.- Les petits chats... apparemment, ils ne te sont pas aussi indifférents que ça.

LA DEUXIÈME.- Des chats, voilà !

LA PREMIÈRE.- Mais la chaux...

LA TROISIÈME.- C'est un fertilisant, tu ne savais pas ?

LA PREMIÈRE.- C'est marrant... Je me souviens que maman, une fois... vous vous souvenez ?

LA TROISIÈME.- Quoi une fois ?

LA PREMIÈRE.- Une fois, on était dans la chambre et on a entendu hurler... maman avait même fermé la porte à clé...

LA TROISIÈME.- Tu t'en souviens ?

LA DEUXIÈME.- Pas vraiment... nous étions toutes les trois ?

LA PREMIÈRE.- Oui, c'était un jour d'été...

LA TROISIÈME.- Ce dont je me souviens, c'est quand un jour papa nous a dit que les cris qu'on entendait, c'était une piqûre qu'on faisait à la chienne de monsieur Canet.

LA PREMIÈRE.- Eh oui, on était dans la chambre, c'est papa qui est venu nous voir après et qui nous a raconté cette histoire de chienne de monsieur Canet.

LA TROISIÈME.- Et ce n'était pas ça ?

Pause.

LA PREMIÈRE.- Il fallait que ça tombe sur moi... je ne suis même pas capable de faire de mal à une mouche, j'ai passé une nuit blanche à cause d'une mouche.

LA TROISIÈME.- Alors, tu remplis le seau?

LA PREMIÈRE.- Restez avec moi, ne me laissez pas seule ici avec les petits chats.

LA DEUXIÈME.- Elle va les chercher, tu remplis le seau et moi, après, je les mets dans le trou sous le figuier. On en a pour dix minutes.

LA PREMIÈRE.- Dix minutes?!

LA DEUXIÈME.- J'en sais rien! Oui, environ. Ne t'inquiète pas, on reste ici avec toi.

LA TROISIÈME.- Mais je ne suis pas obligée de rester ici à te regarder plonger les pauvres petits dans le seau.

LA PREMIÈRE.- Qu'est-ce qu'on fait, merde alors?

LA TROISIÈME.- Tu remplis le seau et je vais les chercher.

LA PREMIÈRE.- Et la chatte ne va pas t'attaquer?

LA TROISIÈME.- Tu crois qu'elle pourrait?

LA PREMIÈRE.- C'est la mère, non?

LA TROISIÈME.- Elle ne se doute de rien, je me suis toujours bien occupée d'elle.

LA PREMIÈRE.- Et si on tirait à nouveau au sort?

LA DEUXIÈME.- Désolée, on n'a pas triché, pourquoi tu te méfies toujours de nous?

LA PREMIÈRE.- Quel est le problème? On tire à nouveau au sort, si c'est l'une de vous, il n'y a pas de problème, apparemment l'une ou l'autre, vous pouvez faire ce que moi je n'arrive pas à faire.

LA DEUXIÈME.- C'est pas tout à fait comme ça, autrement, on n'aurait pas tiré au sort.

Pause.

LA TROISIÈME.- Comme ça, on ne va nulle part! O.K., passe-moi les allumettes. *(la deuxième fille lui passe une boîte d'allumettes et elle en prend trois, elle coupe la tête de l'une des allumettes, elle lui redonne la boîte)* Toutes les trois, nous les voyons, n'est-ce pas? Trois allumettes, dont l'une n'a pas de tête. Celle qui la prendra noie les chats. Et il n'y aura plus de discussion.

Elle montre la pointe des trois allumettes cachées dans sa main et les deux filles en prennent chacune une. C'est la première qui prend l'allumette sans tête.

LA PREMIÈRE.- D'accord, c'est bon, j'ai compris, il faut que ce soit moi.

LA DEUXIÈME.- C'est marrant... rien n'a changé.

LA TROISIÈME.- Alors je vais chercher les chats.

Elle sort, pause.

LA PREMIÈRE.- *(tout à coup énergique, d'un ton fort, elle se lève, le tabouret tombe)* Très bien, si c'est ça que vous voulez, très bien! On y va! Où sont les chats?

LA DEUXIÈME.- Du calme, elle arrive.

LA PREMIÈRE.- Il faut que j'aille remplir le seau, c'est ça ?

LA DEUXIÈME.- Oui, c'est ça... attends qu'elle arrive...

LA PREMIÈRE.- Je mets ma main dans le seau et voilà, c'est tout, ce n'est pas difficile du tout... ce n'est pas difficile, n'est-ce pas ? Il y a pire, je ne sais pas pourquoi je suis là avec mon baratin. Les mains sont les mêmes, avant et après... *(pause, elle reprend un ton normal)* Justement... c'est ça... c'est ça ce dont j'ai peur... j'ai peur que mes mains ne soient plus les mêmes...

Entre la troisième fille.

LA TROISIÈME.- La chatte a disparu, je ne retrouve pas les chats.

LA DEUXIÈME.- Je n'y crois pas ! Ils ne sont nulle part ?

LA PREMIÈRE.- *(souriante)* Eh oui, quand on s'y attend le moins, les chattes aiment bien changer de place... maman disait ça déjà, vous vous en souvenez ? Ça fait combien sept fois sept ? *(noir, brusquement)*

Abel Neves

UN TRAMWAY POUR LE CIEL

Traduit du portugais par Alexandra Moreira da Silva
et Jorge Tomé

In *Au-delà les étoiles sont notre maison*, éditions Théâtrales, 2004

PERSONNAGES :

HOMME

FEMME

Un tramway pour le ciel et d'autres textes de Au-delà les étoiles sont notre maison a fait l'objet d'un chantier à la Ferme du Buisson scène nationale de Marne-la-Vallée les 22 et 23 juin 2002 par Véronique Bellegarde (compagnie Zéphyr), avec Gilles Coronado, Fred Deb', Alain Fromager, Sophie Rodrigues, Pascal Sogny, dans le cadre de la manifestation Nouvelles pistes. Création en janvier 2006 au Centre national des arts du cirque de Châlons-en-Champagne.

Près d'une des entrées de la scène se trouve un arrêt de tramway. Une femme attend. Un homme observe le ciel à travers un télescope.

HOMME.- Aujourd'hui, la Lune va éclipser Saturne, le seigneur des anneaux, vous voulez voir? *(la femme regarde l'homme et sourit)* Une heure après, Saturne va réapparaître... c'est comme ça.

FEMME.- J'arrive de l'hôpital, je rentre chez moi.

HOMME.- Ah...

FEMME.- Je vais mourir. *(l'homme regarde la femme, pause)* Je vais mourir, voilà, excusez-moi. *(brève pause)* Et on voit bien les anneaux?

HOMME.- Vous allez mourir... comment?

FEMME.- Je ne sais pas encore, personne ne le sait, n'est-ce pas? Peut-être vais-je rester endormie et après, au lieu de parler avec vous, je parlerai avec l'éternité, une dame qui, ces temps-ci, m'apparaît toutes les nuits au beau milieu de mes rêves. Je m'oblige encore à m'endormir avec l'idée que dans le ciel tout est encore plus beau que ce qu'on voit. Au fond, je rêve de lumière, et cette dame, évidemment, a une robe constellée d'étoiles. *(pause)* Le tramway est passé il y a combien de temps?

HOMME.- Environ cinq minutes. *(brève pause)* Mourir, nous mourrons tous, n'est-ce pas ? *(pause)* Vous savez, les anneaux, là, c'est de la poussière et des petites pierres... des particules.

FEMME.- Je sais. Au-delà les étoiles sont notre maison.

HOMME.- Comment ça ?

FEMME.- Au-delà les étoiles sont notre maison. Je me prépare pour cette chose, je ne sais pas si elle est bonne ou mauvaise, peut-être rien de tout cela, peut-être autre chose, et je me demande si je n'aurais pas pu y penser un peu plus tôt, mais peut-être n'est-il pas trop tard pour comprendre le sens de la vie. Ce n'est pas facile... maintenant, ce n'est pas facile, c'est pourquoi je me mets à rêver d'éternité, mais parfois, cela me fait sourire, en fin de compte, nous avons tous ce même destin et nous devons prendre le thé avec lui... vous ne croyez pas ? *(brève pause)* Ce matin encore, je me suis dit, O.K., j'ai parcouru ce monde, allons donc voir comment est l'autre. Mais ce n'est pas facile, ce n'est pas facile...

HOMME.- Si je parvenais à vous faire voir Saturne, ici, dans le télescope, je me sentirais mieux. Vous ne voulez pas essayer ? Vous n'avez jamais vu Saturne ?

FEMME.- Non.

HOMME.- Et vous n'avez pas la curiosité de le voir ?

FEMME.- Tout le monde est curieux, mais je n'en ai pas envie, je voudrais que le tramway arrive vite.

HOMME.- Allez, venez, approchez-vous, jetez un coup d'œil, vous allez voir comme c'est beau. *(elle regarde vers le télescope, puis elle s'approche)* Allez, profitez, regardez bien la Lune. *(elle jette un coup d'œil. Pause. Puis elle s'écarte et va se placer à nouveau à l'arrêt de tramway)* Alors ?

Pause.

FEMME.- C'est une planète glacée, non ?

HOMME.- Un petit peu froide, oui… bon, après elle, il y a encore Uranus, Neptune et Pluton.

FEMME.- Le problème a été d'accepter… Quand les médecins me l'ont dit, la première chose que j'ai ressentie, c'est que le sol s'ouvrait sous mes pieds. Je me suis retrouvée aspirée dans un tourbillon. Après j'ai pleuré. Des philosophies existent pour nous sauver, mais aucune n'est capable de nous aider à supporter une telle nouvelle… C'est moi qui le dis mais, bien sûr, les philosophies devraient faciliter tout cela, je pense. Je me rends compte maintenant que je n'ai jamais entendu personne s'en plaindre… *(brève pause)*… se plaindre des philosophies… elles devraient nous aider à mourir, non ? Après tout, c'est toujours la vie qui est en jeu… *(elle sourit)* Ça fait longtemps que vous êtes là ?

HOMME.- Depuis huit heures et demie.

FEMME.- Regardez, quelques nuages arrivent.

HOMME.- C'est bien pour ça que je profite du moindre instant pour observer.

FEMME.- Et les ovnis ?

HOMME.- Comment ça, les ovnis ?

FEMME.- Vous en avez déjà vu ?

HOMME.- Jamais.

FEMME.- Vous y croyez ?

HOMME.- Ce n'est pas une question de croyance.

FEMME.- Alors ?

HOMME.- La question est de savoir s'ils apparaissent ou non.

FEMME.- Un ami à moi dit avoir vu un ovni, là-bas, au-dessus de la montagne des Chandeliers, vous savez où c'est ?, à chaque fois que l'on revient sur le sujet, il dit, qu'on y croie ou pas, moi je l'ai vu, et après il se tait. C'est drôle parce que, d'une manière générale, les personnes qui disent avoir vu ces objets en décrivent toujours la lumière, les lumières... et la vitesse, lorsque la chose disparaît dans le ciel. *(brève pause)* Avant, je faisais un effort pour croire à certaines choses... maintenant, ça m'est naturel. *(brève pause)* Depuis trois mois.

HOMME.- Pardon... ?

FEMME.- Vous ne m'avez pas demandé quand est-ce que j'ai appris pour mon histoire ?

HOMME.- Non... en fait, j'allais vous le demander, mais je ne l'avais pas encore fait. *(brève pause)* Il y a trois mois, donc ?

FEMME.- Pardon, je ne voulais pas... mais, regardez, profitez, il n'y a plus de nuages.

Pause. Il ne la quitte pas des yeux.

HOMME.- *(retirant un ticket de sa poche)* Prenez ce ticket, je ne vais pas l'utiliser.

FEMME.- J'ai un coupon, merci.

HOMME.- C'est dommage, parce que je ne vais pas l'utiliser.

FEMME.- Le problème, c'est que nous comptons avoir quelques jours en plus et, subitement, nous apprenons que non, absolument pas. Mais je vais tenir bon, c'est décidé. Je ferai mes adieux, à ma manière. D'ici peu, je vais faire un gâteau pour mon amoureux, c'est ce qu'on a convenu. Ils m'attendent, mon amoureux, mes amis... aujourd'hui, j'ai fini tard. *(elle sourit)* Ils m'ont donné un portable pour que je puisse toujours les joindre... *(brève pause)* La vérité, c'est que des millions et des millions de personnes sont déjà mortes. Certaines, pour une raison ou pour une autre, nous sont très chères. Je me dis que peut-être nous nous retrouverons tous dans un même lieu... cela pourrait être triste comme cela pourrait ne pas l'être... je ressens une grande envie de dire cela aux gens, mais après... je ne sais pas, peut-être par timidité... si vous ne m'aviez pas adressé la parole, je ne vous aurais pas parlé.

HOMME.- *(souriant)* Votre amoureux est jaloux ?

FEMME.- Vous voulez dire que si j'avais été avec mon amoureux, vous ne m'auriez pas parlé ?

HOMME.- J'ai l'habitude de demander aux gens s'ils veulent voir Saturne, j'aime partager le télescope. Le matin, je donne des cours de gymnastique. Le soir, j'aime venir ici... pas toujours, bien sûr. Je fais des voyages incroyables.

FEMME.- Vous ne vous êtes jamais perdu dans le ciel ?

HOMME.- *(souriant)* Je me perds constamment, mais c'est ça qui m'amuse, car je finis par trouver une étoile ou une constellation... voilà une carte, nous naviguons avec elle. Elle est très belle, vous ne trouvez pas ? Nous pouvons vivre à la lisière de ce monde, mais on ne respire véritablement que là-haut... *(les deux regardent vers le haut, brève pause)* Je vais vous donner la carte des constellations, je peux ? *(elle sourit, il lui offre une carte des constellations)* Et puis, les étoiles ont des noms... comment dire... rien que cela enchante... Véga... Castor... Mérak... Alioth... Megrez...

FEMME.- *(lisant la carte)* Shedar... Mizar... Dubhe... Polaire...

Pause. On entend un tramway qui arrive.

HOMME.- Gardez-la.

FEMME.- Qu'est-ce que je ferais avec une carte du ciel ?

Elle fait signe au tramway de s'arrêter.

HOMME.- Gardez-la, je vous en prie.

FEMME.- *(souriant)* C'est pour que je puisse me guider ? *(le tramway s'arrête)* Croyez-vous que ce tramway va au ciel ? *(brève pause)* Adieu.

La femme disparaît.

HOMME.- *(lui faisant un petit signe de la main)* Adieu... *(on entend le tramway s'éloigner et, avec lui, la lumière de la scène. Noir)*

Jean-Gabriel Nordmann

DANS LES MURS

Texte inédit

Fiction : une prison pour adolescents. On marche. On fume. On s'observe. Pas de gardien. Une grande horloge domine l'espace, munie d'une trotteuse. Garçons et filles au même endroit mais rarement mêlés. Centre de détention pour adolescents (CDA). Beaucoup de silences aussi.

Lieux divers : le réfectoire, les douches, le couloir des cellules, la cour de promenade, la salle de sport, la chapelle, l'atelier, l'infirmerie.

Dans les murs *a été écrite en 1995 à l'occasion d'un atelier théâtral proposé par la Maison du Geste et de l'Image au lycée Fénelon Sainte-Marie (Paris), atelier animé par Morgane Lombard et Jean-Gabriel Nordmann.*

La chapelle

Un cercueil – Tous

— Qu'est-ce qu'il avait fait ?

— Il avait tué un convoyeur de fonds.

— Ils l'ont abattu ?

— Non il est tombé du toit.

Le réfectoire

Deux filles

— Pénélope c'est ton vrai nom ?

— Ben oui pourquoi ?

— T'as pas l'air. C'était la femme d'Ulysse.

— Un prénom ça appartient pas à une seule personne.

— Tu devrais changer.

— De quoi tu t'mêles

— Je peux t'en inventer un.

— Pourquoi ?

— Pour penser à toi avec un nom que personne d'autre connaît.

— À quel prénom tu as eu l'idée ?

— Je sais pas encore. Je voulais ton autorisation.

— T'es une drôle de fille.

— Je pense qu'à toi toute la journée.

— C'est les mecs que j'aime. *(elle s'éloigne)*

— Ça n'a rien à voir.

Le couloir des cellules

Deux garçons

— La nuit j'ai froid.

— Moi j'ai peur.

— Je m'lève pour pisser ça m'réveille.

— Ils te donnent pas des pilules ?

— Si mais j'les prends pas.

— Pourquoi ils t'ont changé de cellule ?

— On parle pas d'ça.

— Excuse-moi. Il te reste des cigarettes ?

— T'es à court ?

— Non, c'est pour t'en donner, moi j'essaye d'arrêter ça m'fait tousser.

— Donne.

L'atelier

Deux filles

— Ils l'ont mise chez nous.

— Comment tu l'sais ?

— Les journaux.

— Tu l'as vue ?

— Elle a pas l'droit d'sortir.

— Ils ont peur de quoi ?

— Il paraît qu'elle a pas seize ans.

— Tu pourras m'garder l'journal ?

— D'accord. *(un temps)*

— Ses parents avaient du fric il paraît.

— Et alors ?

— Je sais pas.

Le réfectoire

Un garçon – Une fille

— C'est quoi marqué sur ton T-shirt ?

— C'est de l'anglais.

— Ça dit quoi ?

— Je sais pas c'est ma sœur qui l'a amené à la visite.

— Elle fait quoi ta sœur ?

— Vendeuse.

— Elle parle anglais.

— T'es fou.

— Ce matin je m'suis pas lavé j'ai pas eu l'courage.

La promenade

Deux garçons

— J'préférais quand y avait pas les filles avec nous, ça faisait moins réfléchir.

— Elles nous regardent.

— J'ai de la peine pour elles, j'pense à ma sœur.

— Moi j'ai envie d'les baiser toutes.

— Pas moi, pas toutes.

— Tu crois qu'ils ont fait ça pour nous casser ?

— C'est une expérience pour voir si c'est possible à généraliser.

— Ça veut dire ?

— À faire avec les vieux dans toutes les centrales.

— Ça fait honte qu'elles nous voient.

— Et tu crois qu'elles ont pas honte ?

— Moins qu'nous, elles ont l'air plus calmes.

— On peut quand même pas protester contre une amélioration.

— Une amélioration ?

Deux filles

— Il parle jamais.

— Il a tué son père.

Deux garçons

— C'était bon à midi.

— Tiens tu goûteras ça *(quelque chose passe d'une main à l'autre)*

— Comment tu l'as eu ?

— J'ai du fric de côté.

— Ça fait quoi ?

— Tu sens plus rien, tu t'sens au-dessus.

— Ça s'prend comment ?

— Par le nez. Mais pas là c'est trop voyant. Tu m'diras.

— Merci.

Un garçon – Une fille

— Ils nous surveillent comment on voit personne ?

— Les caméras.

— Où ?

— Là dans les angles.

— Tu crois qu'ils nous entendent.

— Peut-être.

Plusieurs filles

— À Madagascar mon père nous emmenait manger sur la plage après l'école. *(elle passe une photo)*

La salle de sport

Deux filles

— Tu regrettes ?

— Non. Et toi?

— Oh non j'en pouvais plus.

— Ils t'ont prise tout de suite?

— Non ça a mis trois mois.

— Tu t'es cachée?

— Ça a été l'plus dur. Et toi?

— J'ai pas bougé j'les ai attendus.

— T'en as pour combien?

— Y a pas encore eu le procès.

Deux garçons

— Et ta famille?

— Ils ont jamais rien compris ni avant ni pendant.

— Ils viennent te voir?

— Tous les quinze jours. J'ai rien à leur dire on s'regarde. Si ils m'amènent un colis j'réponds à leur questions.

— Moi ils viennent pas.

— Ils t'en veulent.

— Non c'est trop loin pour eux. Ils ont pas d'quoi. Ils m'écrivent. J'me fais lire.

— C'est une croix?

— Oui.

— Je peux toucher ?

— Si tu veux.

— J'aime bien l'or.

L'atelier

Deux filles, puis un garçon

— Au Crédit Mutuel Sainte-Marie. Six cent mille francs.

— *(avec admiration)* Six cent mille francs ! Et les autres ?

— On nous a dispersés. J'arrive pas à savoir où ils sont.

— Je t'aiderai.

— Toi c'était quoi ?

— Rien. Du trottoir. Je me suis fait dénoncer. Elles supportaient pas qu'il y ait une nouvelle. Ça marchait mieux tu penses j'étais la plus jeune.

— Tu sortiras vite.

— Tu crois ?

— T'as un avocat...

— Il faut bien. J'suis en train de potasser sur le droit. J'aimerais m'défendre toute seule.

— Fais gaffe.

(Le garçon silencieux depuis le début l'a approchée par derrière et la caresse Elle se laisse faire. La copine se lève et le gifle, il s'en va.)

— *(elle la gifle à son tour)* De quoi tu t'mêles !

Deux filles

— Pourquoi tu mens tout le temps ?

— *(qui tricote)* Ça me fait du bien. C'est tellement mieux qu'la réalité.

Deux garçons

— Tu veux que je te dise tous les pays où il y a la guerre ? *(sans réponse, il commence l'énumération)*

La salle de sport

Tous avec la nouvelle qui reste muette

— C'est quoi ta vie à toi ?

— Tu viens d'quel coin ?

— Tes parents ils faisaient quoi ?

— T'as eu du fric avant ?

— T'as fait des études ?

— T'es pas française ?

— T'avais un amoureux ?

— T'étais déjà mariée ?

— T'as des frères et sœurs ?

— T'es dans quelle cellule ?

— T'es seule ou à plusieurs ?

— T'es trop fière ou t'as honte de répondre ?

— T'as pas confiance ?

— T'as peur que ça s'répète ?

— De toute façon tout s'répète ici.

— Tu finiras bien par raconter.

— T'en auras besoin.

— Si tu veux qu'on t'parle il faudra bien que tu craches quelque chose.

— C'est comme ça.

— Ou tu d'viendras dingue c'est arrivé.

— C'est pas beau à voir. Et ils t'envoient pas ailleurs pour autant j'te garantis. Y a qu'les tentatives de suicide qui te donnent droit à l'infirmerie.

— Si on prévient à temps.

— Ils sont pas pressés d'venir.

— Ou alors une maladie grave mais ils vérifient.

— J'arrive pas à voir si t'es bêcheuse ou si t'es coincée.

— Il faut parler surtout ici.

— On s'en fout c'que t'as fait c'est pas ça qu'on te d'mande.

— Y en a qui parlent tout seuls mais au moins ils parlent on apprend des choses.

— Ça constipe de pas parler.

— Tu ris ?

— Faut en profiter chaque jour un peu ça fait du bien.

— Moi c'est Geneviève.

— T'étais déjà comme ça avant d'venir si peu bavarde ?

— On s'adapte tu verras on change d'idées on peut pas rester comme on était ni comme on pensait y a même des choses qui sont mieux ici qu'ailleurs.

— Tu ris ?

— Les secrets c'est pour dehors c'est du luxe ici ça a plus d'valeur y a toujours un secret qu'est plus fort que l'tien quand tu finis par savoir.

— P't'être que t'es sourde-muette ?

— Ça s'rait la première fois qu'j'en connais une.

— Tu ris?

— C'est déjà quelque chose.

L'atelier

Deux filles

— Et il te manque pas?

— Du moment que je sais qu'il va bien.

— Il t'écrit?

— T'es folle pas encore. Des dessins quelquefois. C'est ma tante qui écrit pour lui ou ma sœur ou ma mère, avec elles ça va, je sais qu'il est en bonne santé, qu'on s'occupe de lui qu'on lui parle de moi.

— Comment il s'appelle?

— Aurélien.

— C'est rare.

— C'est la seule chose avec laquelle on a été vraiment d'accord avec son père son prénom, le reste c'était la merde. Toute façon il était tout le temps parti il me laissait tout faire j'en pouvais plus j'étais comme en prison *(elle rit)* j'ai l'impression que j'ai besoin d'un an pour me reposer, ça tombe bien c'est juste ce que j'ai écopé, plus de courses, plus de pleurs la nuit, plus le ménage et la vaisselle, plus les repassages, plus les légumes, je n'en pouvais plus des légumes.

— Il te manque pas ?

— Non j't'e dis je le retrouverai.

— T'as pas peur ?

— Mais de quoi je suis sa maman. Je suivais plus, j'étais trop nerveuse, j'arrivais plus à l'aimer, il fallait une coupure, je crois que je l'ai fait exprès.

— Exprès ?

— Pour qu'on s'occupe de moi.

Les douches

Deux filles

— Qu'est-ce qu'il y a juste devant la porte ? J'ai pas pu voir il faisait nuit quand il m'ont amenée. Ça me rend folle de pas savoir à quoi ça ressemble à l'extérieur, c'est comme un bandeau sur les yeux quand on est p'tite et qu'on s'cogne sans rien attraper. Toi t'as pu voir ?

— Devant y a comme un abribus qu'est tourné vers le portail, sans doute pour les visiteurs. En face y a le conservatoire de musique. Et puis une grande maison de notaire avec grille et jardin et volets et sonnette et un tilleul dans le jardin.

— Comment tu t'souviens si bien ?

— J'ai fait de la garde d'enfant là justement plusieurs fois.

— N'empêche tu t'souviens bien.

— Je m'souviens de tout c'est mon défaut.

— Mais alors t'es d'ici ?

— Oui.

— Tu pourras me raconter.

— Si tu veux.

— Les bistros, les squares, les fontaines, la mairie, la gendarmerie ?

— Si tu veux.

— Avec tous les détails le plus possible.

— Si tu veux.

— Ton école, les églises, les boutiques, le Casino, le jour de marché, l'hôpital, la poste, même les terrains vagues et la gare SNCF si t'as connu.

— Si tu veux. J'ai jamais été ailleurs sauf pour enterrer mon grand-père alors j'la connais bien la ville.

— Et moi qu'est-ce que t'auras envie que j'te raconte ?

— Des vraies histoires qui ont pas existé comme dans les livres c'est ça que je préfère si t'en connais.

— J'en connais. Je pourrai t'en inventer.

— Si tu sais inventer...

L'atelier

Deux garçons

— Trocarder c'est quand une vache mange trop de trèfle et ça pourrit à l'intérieur de ses intestins et elle commence à gonfler sans arrêt, ça fabrique des gaz qui la font gonfler, la peau elle risque de pas résister, la vache elle devient énorme alors il faut l'aider à s'dégonfler et on la trocarde avec un couteau qui est rond et creux dans la lame, on lui enfonce le couteau qu'est justement un trocard tu vois, droit dans l'abdomen pour laisser partir l'air par le trou mais alors il faut courir vite pour s'éloigner parce que ça pue on imagine pas, c'est pire que le purin ou qu'une fuite de gaz, pire que la merde, pire que des fleurs pourries, pire que le pire que tu connais, alors on court le plus loin possible et on la regarde la vache se dégonfler, tu la verrais ça va si vite qu'elle comprend pas c'qui lui arrive, elle gueule comme si on l'égorgeait et puis après elle recommence à bouffer comme si de rien était, comme une vache quoi. Et on récupère le couteau pour une autre fois, pour une autre vache.

— Putain c'est vraiment dégueulasse.

— Ben non puisqu'on la sauve.

— Moi j'aimerais pas.

— Personne te force à être vétérinaire.

Les douches

Deux garçons

— Douloureux. Sans arrêt douloureux. Surtout le ventre, les tripes, le circuit des tripes, ça tiraille, ça fait mal, tout le temps un point, faudrait que quelqu'un appuie dessus très fort, le masse, le pince, je ne sais pas... *(temps)* Y a rien pour oublier, le sommeil c'est tout, rien d'autre, tu crois que ça peut rendre fou une douleur continue comme ça ?

— Je ne sais pas.

— Tu devrais appuyer tes mains comme ça très fort dessus, moi j'm'allonge et tu appuies avec tes mains, ou avec tes pieds ou avec ta tête même si tu veux, oui ta tête.

— Passe-moi la serviette.

— J'peux pas rester douloureux comme ça, j'peux pas. J'ai besoin d'avoir mal autrement. J'ai besoin qu'ça soit quelqu'un qui m'fasse mal, pas l'intérieur de moi, j'en ai assez, j'ai besoin d'avoir mal autrement. Approche-toi merde, touche-moi.

— Reste dans ton réseau. Si tu m'fais peur j'appelle.

— Salopard, allumeuse, vieille pétasse de gigolo tu m'laisses tirer la langue et après tu fais la pimbêche.

— Tu ferais mieux de te rhabiller tu vas prendre froid ma poule.

— Tu vois bien que j'crève de toi. Bats-moi si tu veux, tu comprends rien ; j'te ferai c'que tu veux, ça m'fait trop mal, c'est comme si mon corps t'attendait et m'donnait des coups à l'intérieur. Donne-moi des coups j't'en prie, casse-moi j'en peux plus.

— Amène-moi des images et on verra.

— Des images ?

— Des images de belles filles à poil sous un palmier.

— Salaud ! Salaud !

La chapelle

Une fille – Un garçon

— *(exaltée)* Nous sommes à l'orée de la grande débandade. Comme nous l'avons toujours été mais là ça se précise. On s'approche des gouffres pour jouer avec le vide.

— Qu'est-ce qui te prend à parler comme ça. Tu veux que j'appelle un gardien ou l'infirmier ?

— Je vois l'avenir. On ne saura plus distinguer le doux de l'hypocrite. Le soldat du médecin. La gaieté d'un enfant de celle d'un ivrogne. L'argent gagné de l'argent volé. Les parents des employeurs. La prison de la maison. Je les ai tués parce qu'ils m'ont fabriqué un avenir détruit.

— Parle pas si fort.

— Ça change rien. Rien n'empêche plus de voir quand on a tué ceux qui vous ont mis au monde sans vous aimer. C'est la grande débandade je te dis. J'ai fait l'amour après les avoir tués. Je me taisais comme on fait quand on travaille.

— Parle moins fort on va se faire repérer.

— On devrait TOUS s'y faire, si tu ne vois pas le gouffre tu tombes dedans. Jamais plus on ne me confondra avec quelqu'un d'autre.
À l'intérieur de moi il y a autant de gens différents qu'il y en a ici. Qui m'a fait croire que j'étais une seule personne seulement avec les mêmes sentiments toujours et la même petite attitude et la même conversation adaptée aux circonstances s'épuisant à ressembler à des mensonges ? EUX ! C'est pour ça que je les ai tués.

— Tu me l'as déjà dit.

— Écoute bien c'est mon avenir qui parle. C'est un avenir où tu n'as même plus les ruines pour pleurer, les tombes sont refermées, les immeubles ont été reconstruits, on ne sent même plus la mort, on ne sent plus rien, il faut juste réapprendre à marcher. La réalité a enfin bon goût. *(elle se met à genoux)*

— Tu ne vas pas te mettre à genoux !

— Je veux faire l'expérience de l'obéissance libre. J'accueillerai tous ceux qui ne veulent plus d'avenir.

— Pour qui tu fais ce cinéma ?

— Je continuerai une autre fois. *(elle s'allonge épuisée. L'autre la recouvre de sa veste)*

FIN.

Noëlle Renaude

LA CHUTE DU PÈRE

In *Divertissements touristiques*, éditions Théâtrales, 1993, 2003

PERSONNAGES :

LE PÈRE

LA MÈRE

LA FILLE

LE FILS

Divertissements touristiques *a été créée le 19 mars 1991 à la maison de la culture d'Amiens. Mise en scène : Robert Cantarella. Avec : Florence Giorgetti, Philippe Minyana, Élisabeth Vitali, Daniel Znyk.*

Le père, la mère, le fils, la fille.
La petite auto transportant le père, la mère, le fils et la fille gravit la côte.
L'herbe est rase sur la lande. Piton rocheux en surplomb. En bas, la mer comme cirée par le soleil.

LE PÈRE.- Stop. Panorama. Photo.

Il descend de voiture, suivi par la mère puis par le fils qui bondit vers le piton rocheux, commence à grimper.

LA MÈRE.- *(au fils)* Descends !

LE PÈRE.- *(à la fille tassée au fond de l'auto)* Toi aussi, descends. Photo. Allez hop !

LA MÈRE.- *(au fils)* Descends ! Si tu tombes !

LE PÈRE.- *(à la fille)* Photo de famille.

LA FILLE.- Non.

LE PÈRE.- Rébellion ? Panorama unique. Écrit là.

LA MÈRE.- *(au fils)* Tu vas tomber ! *(au père)* Il va tomber ! *(au fils)* Descends ! Obéis ! *(au père)* Il ne veut pas obéir !

LE PÈRE.- *(au fils)* Descends ! Obéis à ta mère !

Le fils continue d'escalader la falaise, s'agrippe aux arêtes, aux saillies, atteint une corniche. Le père s'élance.

LA MÈRE.- *(au père)* N'y va pas, toi! Tu vas tomber!

Le père grimpe, souffle, s'écorche les doigts, les genoux, perd une espadrille, jure, transpire, pose les deux mains sur le bord de la corniche, tente un rétablissement, refuse la main que le fils lui tend, se redresse enfin.

LE PÈRE.- Facile. *(il tousse)* Le tabac.

LA MÈRE.- C'est beau?

LE PÈRE.- Aaaahhh! Ça! *(à la mère)* Reste où tu es, toi! C'est la même chose vue d'un peu plus haut!

Il se penche.

LA MÈRE.- Attention!

LE PÈRE.- Pas de danger!

LE FILS.- *(au père)* Souvenir?

Le père prend la pose, dos au vide.

LE FILS.- Recule!

LA MÈRE.- Attention!

LE PÈRE.- Pas de danger!

LE FILS.- Encore!

LA MÈRE.- Att.

LE PÈRE.– Pas dd.

LE FILS.– Stop !

Le père a fait un pas de trop. Il bascule, tombe sans un cri de la falaise.

LE FILS.– Il est tombé !

LA MÈRE.– Où ?

LE FILS.– Dans l'eau.

LA MÈRE.– Ne te penche pas ! Il remonte ?

LE FILS.– Difficile à dire. L'eau est agitée, bat les rochers.

LA FILLE.– Qu'est-ce qui se passe ?

LA MÈRE.– *(au fils)* Ne te penche pas ! Attendons trois minutes.

LA FILLE.– Qu'est-ce qui se passe ?

LA MÈRE.– C'est ton père. *(trois minutes s'écoulent ; au fils)* Il est remonté ?

LE FILS.– Toujours pas.

LA MÈRE.– Aaaahhhh !

LA FILLE.– Qu'est-ce qui se passe ?

LA MÈRE.– Il a toujours été doué de malchance. De profundis. Paix à ses os rongés. Une page vient d'être blanchie. *(à la fille)* Dis adieu à ton père ! *(au fils)* Redescends !

LA FILLE.– J'ai honte.

LA MÈRE.– Tais-toi. *(le fils dévale la falaise ; au fils)* Ramasse l'espadrille.

LE FILS.– Maman.

LA MÈRE.– Tais-toi. Mets cette savate dans le coffre. Et prends le volant. *(l'auto repart ; à la fille)* Tu aurais pu descendre. Ça lui aurait fait tellement plaisir.

LA FILLE.– J'ai mal au cœur.

LA MÈRE.– Allonge-toi sur la banquette.

LA FILLE.– Je ne l'aimais pas.

LA MÈRE.– *(au fils)* Mets la radio. Trouve du classique.

Le fils tourne le bouton des ondes tout en conduisant.

LE FILS.– Du violon ?

LA MÈRE.– C'est tzigane, c'est bien, c'est triste.

LA FILLE.– J'ai mal au cœur.

LA MÈRE.– *(au fils)* Arrête. Ta sœur est malade.

LA FILLE.– On te dit d'arrêter, j'ai mal au cœur.

LE FILS.– Impossible. Interdit de stationner sur le bas-côté. Les panneaux.

LA FILLE.– Tant pis, je vomis.

Elle vomit.

LE FILS.- Ça sent mauvais.

LA MÈRE.- Ouvre. L'air est pur.

LE FILS.- On est moins chargé que tout à l'heure.

LA FILLE.- Où est le chien ?

LA MÈRE.- Il n'est pas là ?

LA FILLE.- Non.

LA MÈRE.- On l'a perdu.

LE FILS.- À la pompe. Il est allé pisser.

LA FILLE.- Demi-tour !

LE FILS.- Interdit.

LA MÈRE.- *(au fils)* Essaie !

LE FILS.- Interdit.

LA FILLE.- Je vais hurler.

Elle hurle.

LA MÈRE.- Il se fera adopter par le pompiste.

LE FILS.- Il était moche.

LA MÈRE.- Il était gros.

LE FILS.- Courir lui fera du bien.

La fille pleure.

LA MÈRE.- On en trouvera un autre.

LE FILS.- Il puait.

LA MÈRE.- Allons, allons. *(la fille pleure de plus belle)* Pense à ton père.

LE FILS.- Un clébard.

LA MÈRE.- Ça ne vaut pas le coup.

LE FILS.- Il manquait d'exercice.

LA MÈRE.- Il était malheureux.

LE FILS.- J'ai faim.

LA MÈRE.- On en trouvera un autre. Un plus petit.

LE FILS.- J'ai faim.

LA FILLE.- Je ne mangerai plus jamais.

LA MÈRE.- On dit ça.

LA FILLE.- J'ai honte.

LA MÈRE.- Tais-toi.

LA FILLE.- Je ne parlerai plus jamais.

LA MÈRE.- Mais oui.

LE FILS.- Stop. Restaurant. Néon rouge. Trois fourchettes.

Ils s'arrêtent, se garent au parking.

LA MÈRE.- *(à la fille)* Viens.

LE FILS.- *(à la fille)* Viens.

LA MÈRE.- Va au moins faire pipi.

LE FILS.– Dégourdis-toi un peu.

LA MÈRE.– *(au fils)* Laisse. Viens. Tous les ans c'est la même chose.

La mère et le fils pénètrent dans le restaurant. La fille sort enfin de la voiture, se met à marcher le long de la route. Elle rebrousse chemin. La mère et le fils ressortent du restaurant.

LE FILS.– *(dépité)* On ne sert plus !

LA MÈRE.– Il est tard. Mais on va trouver, va.

LE FILS.– Tu dis toujours : on va trouver, ça va s'arranger, et ça va de mal en pis.

LA MÈRE.– Mon grand !

LE FILS.– Je crois de moins en moins en toi.

LA MÈRE.– Mon grand !

LE FILS.– Un jour viendra où je ne te croirai plus du tout.

LA MÈRE.– Où est ta sœur ?

Ils la cherchent du regard.

LE FILS.– Une fugue.

LA MÈRE.– Ça devait arriver.

LE FILS.– Elle a osé.

LA MÈRE.– Je n'en peux plus. En route. Tu es le seul qui me reste. *(ils repartent)* Trop, c'est trop. Ralentis. Elle, je ne l'ai pas désirée. C'est ton père qui a voulu. Et puis l'âge. Comment faire ? C'est la période. Ça passera. Il restait un demi-sandwich.

LE FILS.– Donne.

LA MÈRE.– La pluie maintenant.

LE FILS.– Sale été.

À l'opposé, la fille longe la route.

LA FILLE.– Il pleut. Il était temps. *(elle siffle son chien. Le chien accourt ; au chien)* Je t'aime. Suis-moi.

Le père, faisant la planche, dérive à la surface des eaux comme une épave, un pied déchaussé.

LE PÈRE.– La paix, enfin.

LA MÈRE.– *(au fils)* Ralentis.

LA FILLE.– *(au chien)* Je soignerai tes pattes. Mets ta truffe dans mon corsage. Tu sens bon.

LE PÈRE.– *(sur le dos, au fil des courants marins)* Je vais assister à l'extinction des feux et contempler enfin l'univers sans hâte et sans reproches. La pluie crible les vagues. La nuit enveloppera le ciel et l'océan. Le repos enfin.

LA MÈRE.– *(au fils)* Ralentis, tu vas nous tuer.

LA FILLE.– *(au chien)* Je n'ai pas peur. Tu me tiens chaud. J'ai des millions de choses à apprendre. Cette nuit nous dormirons sous les fougères, au bord des petits chemins. Regarde. Voici la lande. Et la falaise. Papa s'éloigne vers le large, comme une bouée inutile.

LA MÈRE.– *(au fils)* Ralentis, tu vas nous tuer.

LE PÈRE.– Douce lâcheté. Sombre ingratitude. J'ai travaillé. J'ai procréé. Je suis jeune encore. J'arriverai au port à l'horizontale, porté par le courant. Les algues s'enroulent à mes membres. L'eau sombre m'accueille. Je n'ai plus d'effort à fournir. Plus à me supporter. Je garde les yeux grands ouverts. La joie éclate en moi.

LA FILLE.– *(au chien)* Je te porterai quand tu seras fatigué.

Le fils freine brutalement sur la chaussée mouillée. La voiture dérape, fait quelques tête-à-queue classiques, se renverse, un, deux, trois tonneaux, glisse sur le toit et finit ses banales figures dans un fossé, roues en l'air.

LA MÈRE.– Qu'est-ce que je disais ?

LE PÈRE.– Le paysage est plus beau à l'envers. Enfin, ça change. Ne plus se lever, se dresser, répondre présent.

LA FILLE.– *(au chien)* Couchons-nous sous ce buisson, bien à l'abri. Il faudra éviter les pièges. Repose-toi sur moi. Je t'aime plus que moi.

LE PÈRE.– L'aspiration vers le haut. Je suis sorti du corset. Je me sens jeune. Ma chemise flotte. L'eau céleste me lave les yeux.

LA MÈRE.– *(au fils)* Bravo ! On ne peut décidément pas te faire confiance. Regarde, tu as cassé le volant !

LE FILS.- Je meurs, maman. J'ai tout pris dans le ventre.

LA MÈRE.- Pas de chantage. Sors de là et sors-moi de là.

LA FILLE.- *(au chien)* J'ai su grandir pour toi.

LE PÈRE.- Venez, poissons, dessinez ma route, décidez pour moi de mon itinéraire, je m'en remets à vous, je n'ai plus de poids.

LA MÈRE.- *(tête en bas)* Attendre quels secours ?

LES AUTEURS

HOWARD BARKER

Né en Angleterre en 1946, Howard Barker est dramaturge, poète et peintre. Il est également metteur en scène de ses propres pièces et auteur d'essais théoriques sur le théâtre.

Il a écrit pour la scène (théâtre, opéra, marionnettes) mais aussi pour la télévision, la radio et le cinéma, soit plus de soixante-dix pièces à ce jour. Les éditions Théâtrales, en coédition avec la Maison Antoine Vitez, ont publié entre 2001 et 2007 six volumes de ses *Œuvres choisies (13 objets*, *Animaux en paradis*, *Blessures au visage*, *Gertrude*, *La Griffe*, *Les Possibilités*, *Tableau d'une exécution…*).

FRANÇOISE DU CHAXEL

Née à Bergerac en 1940, Françoise du Chaxel a écrit une quinzaine de pièces de théâtre, dont certaines pour et avec des adolescents (*L'Été des mangeurs d'étoiles*, *En automne j'ai même vu des renards danser*, *Un printemps s'est noyé dans la mer*, *Des anges rusés aux ailes plombées*, *Au pays de mon père on voit des bois sans nombre...*).

Elle partage son temps entre l'écriture et l'action culturelle. Elle est actuellement écrivain associé du Théâtre de la Cité internationale (Paris) après avoir été secrétaire générale dans plusieurs institutions culturelles. Elle dirige la collection Théâtrales Jeunesse.

XAVIER DURRINGER

Né à Paris en 1963, Xavier Durringer dirige depuis 1989 la compagnie de théâtre La Lézarde, pour laquelle il écrit et met en scène.

Ses pièces (*Bal-Trap*, *La Promise*, *Surfeurs*, *Une petite entaille...*) et textes courts (*Histoires d'hommes*, *Chroniques des jours entiers, des nuits entières...*) sont tous publiés aux éditions Théâtrales. Beaucoup joués en France et à l'étranger, ils sont traduits dans une vingtaine de langues.

Il écrit et réalise aussi pour le cinéma (*La Nage indienne*, *J'irai au paradis car l'enfer est ici*, *Chock Dee...*) et la télévision, et a fondé une société de production pour la promotion de jeunes auteurs réalisateurs.

DANIEL KEENE

Né à Melbourne (Australie) en 1955, Daniel Keene écrit pour le théâtre, la radio et le cinéma depuis 1979, après avoir été brièvement comédien puis metteur en scène.

De 1997 à 2002, il a travaillé en étroite collaboration avec le Keene/Taylor Theatre Project, compagnie qu'il avait cofondée et qui a créé bon nombre de ses pièces, courtes et longues.

Depuis quelques années, son œuvre, dont la traduction est publiée pour l'essentiel aux éditions Théâtrales, est de plus en plus jouée en France (*Une heure avant la mort de mon frère*, *Silence complice*, *Avis aux intéressés*, *Kaddish*, *La Pluie*, *Ciseaux, papier, caillou*, *Les Paroles*, *Moitié-moitié*...). C'est d'ailleurs à des metteurs en scène français qu'il a destiné ses textes les plus récents (*Les Paroles*, *Cinq hommes*, *Paradise*...).

SYLVAIN LEVEY

Né en 1973 à Maisons-Laffitte, Sylvain Levey est comédien et auteur.

En tant que metteur en scène, il travaille avec de jeunes comédiens (enfants ou adolescents) et a un temps dirigé le théâtre du Cercle à Rennes où il a créé le P'tit festival, du théâtre joué par des enfants, pour tous les publics.

Ses premiers textes sont parus en 2004 : *Ouasmok ?* dans la collection Théâtrales Jeunesse et *Par les temps qui courent* aux éditions Lansman. Un recueil de ses textes, *Enfants de la middle class,* comprenant *Ô ciel la procréation est plus aisée que l'éducation*, *Juliette suite et fin trop précoce* et d'autres passages du *Journal de la middle class occidentale* est sorti en 2005 aux éditions Théâtrales. Depuis, ont été publiés par Théâtrales : *Pour rire pour passer le temps/Petites pauses poétiques* et *Dis-moi que tu m'aimes* (2007) et *Alice pour le moment* (2008).

HANOKH LEVIN

Hanokh Levin, né à Tel-Aviv en 1943, est mort en 1999.

Il est l'auteur d'une œuvre considérable qui comprend des pièces de théâtre, des sketches, des chansons, de la prose et de la poésie. Également metteur en scène, il a monté la plupart de ses pièces.

Les éditions Théâtrales, en coédition avec la Maison Antoine-Vitez, ont publié de 2001 à 2008 cinq volumes de ses œuvres choisies (comédies, pièces mythologiques, pièces politiques), dont *Kroum l'Ectoplasme*, *L'enfant rêve*, *Les Souffrances de Job*, *Meurtre*, *Shitz*, *Yaacobi et Leidental*.

ABEL NEVES

Né en 1956 à Montalegre, petite ville du nord du Portugal, Abel Neves figure aujourd'hui parmi les auteurs contemporains les plus joués dans son pays.

Il a publié au Portugal de nombreuses pièces de théâtre, mais aussi quatre romans et de la poésie. En France, *Au-delà les étoiles sont notre maison*, son recueil composé de 30 petites pièces, est paru en 2004 aux éditions Théâtrales.

JEAN-GABRIEL NORDMANN

Né à Paris en 1947. Comédien pour le théâtre, la télévision, le cinéma, il est aussi metteur en scène et auteur.

Il a publié de nombreux textes pour le théâtre, chez différents éditeurs : *La Maison Dieu*, *La Mangeuse de crottes*, *À la porte*, *Les Petits Mondes*, *Andréa et les Quatre Religions*. Aux éditions Théâtrales : *La Mer est trop loin*. Pour le jeune public : *Hors les murs*, *Le Long Voyage du pingouin vers la jungle*, *Bakou et les adultes* (créé en 2004 au Théâtre du Rond-Point), *Champ de bataille avec enfants*.

Il anime également des ateliers de théâtre et d'écriture.

NOËLLE RENAUDE

Née en 1949 à Boulogne-sur-Seine, Noëlle Renaude, tout en écrivant pour le théâtre, a longtemps publié des romans «alimentaires» sous des pseudonymes divers.

Son œuvre compte à ce jour une vingtaine de textes dramatiques, publiés aux éditions Théâtrales (*Le Renard du nord*, *Divertissements touristiques*, *Ma Solange, comment t'écrire mon désastre*, *Alex Roux* – qu'elle a elle-même mis en scène, *Madame Ka*, *Les Cendres et les Lampions*, *À tous ceux qui*, *8*, *Promenades*). Elle est beaucoup jouée sur les scènes françaises et à l'étranger.

La collection
THEATRALES ❚ JEUNESSE
a publié à ce jour

Hervé BLUTSCH
Méhari et Adrien/Gzion
à partir de 12 ans/2 et 3 personnages

Michel Marc BOUCHARD
Histoire de l'oie
à partir de 8 ans/2 personnages

Bruno CASTAN
Belle des eaux
à partir de 8 ans/7 à 11 personnages

Coup de bleu
à partir de 8 ans/5 à 11 personnages

Neige écarlate
à partir de 10 ans/4 à 30 personnages

Françoise DU CHAXEL
L'Été des mangeurs d'étoiles
à partir de 14 ans/14 personnages

Suzanne LEBEAU
L'Ogrelet
à partir de 8 ans/2 personnages

Salvador (La montagne, l'enfant et la mangue)
à partir de 8 ans/12 personnages

Yves LEBEAU
C'est toi qui dis, c'est toi qui l'es (tomes 1 et 2)
à partir de 8 ans/5 personnages

Sylvain LEVEY
Ouasmok?
à partir de 10 ans/2 personnages

Carlos LISCANO
Ma famille
à partir de 14 ans/4 personnages ou plus

Dominique PAQUET
Les escargots vont au ciel
à partir de 8 ans/4 personnages

Son parfum d'avalanche
à partir de 5 ans/6 personnages

Françoise PILLET
Molène
à partir de 8 ans/3 personnages

Dominique RICHARD
Le Journal de Grosse Patate
à partir de 8 ans/2 personnages et plus

Les Saisons de Rosemarie
à partir de 10 ans/3 personnages

Roland SHÖN
Les Ananimots suivi de *Grigris*
à partir de 6 et 12 ans/1 et 2 personnages

Karl VALENTIN
Sketches
à partir de 9 ans/14 sketches de 1 et 2 personnages

Au théâtre
à partir de 11 ans/5 sketches de 2 à 5 personnages

Sélection d'autres textes du catalogue des
éditions THEATRALES

Textes contemporains

AURIOL (Marine), *Zig et More/L'Angare (Chroniques du Grand Mouvement, chapitres 1 et 2)*

AZAMA (Michel), *Aztèques*

AZAMA (Michel), *Croisades*

AZAMA (Michel), *Iphigénie ou le Péché des dieux*

AZAMA (Michel), *Les Deux Terres d'Akhenaton ou l'Invention de Dieu*

BARKER (Howard), *13 objets/Animaux en paradis*

BARKER (Howard), *Tableau d'une exécution/Les Possibilités*

BÉCHET (Claire), *Suites en ré mineur/Trois soliloques*

BELBEL (Sergi), *Après la pluie*

BESNEHARD (Daniel), *Internat/L'Ourse blanche*

BESNEHARD (Daniel), *L'Enfant d'Obock/Le Petit Maroc*

BONAL (Denise), *Portrait de famille*

BONAL (Denise), *Les Pas perdus*

BOUCHARD (Michel Marc), *Les Muses orphelines*

CANNET (Jean-Pierre), *Des manteaux avec personne dedans*

CHOUAKI (Aziz), *El Maestro/Les Oranges*

CORMANN (Enzo), *Berlin, ton danseur est la mort*

DE FILIPPO (Eduardo), *Samedi dimanche et lundi*

DURRINGER (Xavier), *Bal-trap/Une envie de tuer sur le bout de la langue*

DURRINGER (Xavier), *Chroniques des jours entiers, des nuits entières*

DURRINGER (Xavier), *Une petite entaille*

DURRINGER (Xavier), *La Quille/22.34*

DURRINGER (Xavier), *La Nuit à l'envers/Ex-voto*

DURRINGER (Xavier), *La Promise*

DURRINGER (Xavier), *Chroniques 2, quoi dire de plus du coq ?*

FICHET (Roland), *Petites comédies rurales*

FRIEDERICH (Alexandre), *Journée mondiale de la fin (L'Homme qui attendait l'homme qui a inventé l'homme/ Didadactures/Programme de gestion colère et enlisement)*

FRIEL (Brian), *Danser à Lughnasa*

GROUPOV, *Rwanda 94*

HACKS (Peter), *Conversation chez les Stein sur monsieur de Goethe absent*

HOROVITZ (Israël), *Le Baiser de la veuve/Le Premier*

HOROVITZ (Israël), *Dix pièces courtes*

KEENE (Daniel), *Silence complice/Terminus*

KEENE (Daniel), *Pièces courtes*

KEENE (Daniel), *La Marche de l'architecte/Les Paroles*

KWAHULÉ (Koffi), *Big shoot/P'tite souillure*

LAPLACE (Yves), *Staël ou la Communauté des esprits*

LAPLACE (Yves), *Feu Voltaire/Maison commune*

LEBEAU (Yves), *Dessin d'une aube à l'encre noire*

LEBEAU (Yves), *À la folie*

LEVIN (Hanokh), *Théâtre choisi I-Comédies (Yaacobi et Leidental/Kroum l'Ectoplasme/Une laborieuse entreprise)*

LEVIN (Hanokh), *Théâtre choisi III-Pièces politiques (Shitz/Les Femmes de Troie/Meurtre/Satires)*

MINYANA (Philippe), *Chambres/Inventaires/André*

MINYANA (Philippe), *Les Guerriers/Volcan/Où vas-tu, Jérémie ?*

MINYANA (Philippe), *Habitations/Pièces*

MOLNÁR (Ferenc), *Liliom (ou la Vie et la Mort d'un vaurien)*

MOTTON (Gregory), *Chicken/Brien le fainéant*

MUELLER (Harald), *Le Radeau des morts*

NEVES (Abel), *Au-delà les étoiles sont notre maison*

NORDMANN (Jean-Gabriel), *La mer est trop loin*

PRIN (Claude), *Erzebeth*

PRIN (Claude), *Césars*

RENAUDE (Noëlle), *Divertissements touristiques/L'Entre-deux/Rose, la nuit australienne/8*

RENAUDE (Noëlle), *Courtes pièces*

RENAUDE (Noëlle), *Fiction d'hiver/Madame Ka*

RENAUDE (Noëlle), *À tous ceux qui/La Comédie de Saint-Étienne/Le Renard du nord*

REYNAUD (Yves), *Marie, Marie (Les modernes sont fatigués)/La Dent noire*

RIVERA (José), *Marisol/La Tectonique des nuages*

RULLIER (Christian), *Annabelle et Zina/Le Fils*

SCHLEGEL (Jean-Pierre), *Le Vent et le Mendiant/J'exige le silence dans la bulle/Ces hommes du Grand Nord*

SCHWAJDA (György), *Le Miracle*

TABORI (George), *Les Variations Goldberg*

VALENTIN (Karl), *Le Bastringue et autres sketches*

VALENTIN (Karl), *La Sortie au théâtre et autres textes*

VALENTIN (Karl), *Vols en piqué dans la salle*

VALENTIN (Karl), *Le Grand Feu d'artifice et autres sketches*

VALENTIN (Karl), *Les Chevaliers pillards devant Munich et autres textes*

CINQ PIÈCES D'AMÉRIQUE LATINE

EMBOUTEILLAGE (32 pièces automobiles)

PETITES PIÈCES D'AUTEURS

PETITES PIÈCES D'AUTEURS 2

Classiques

BÜCHNER (Georg), *Woyzeck*

HOLBERG (Ludvig), *Henrich et Pernille/Erasmus Montanus, œuvres choisies vol. 1*

HOLBERG (Ludvig), *Jeppe du Mont (ou le Paysan métamorphosé)/Don Ranudo de Colibrados (ou Pauvreté et Orgueil), œuvres choisies vol. 2*

IBSEN (Henrik), *Hedda Gabler*

Von KLEIST (Heinrich), *La Cruche cassée*

SHAKESPEARE (William), *La Nuit des rois*

SHAKESPEARE (William), *Cymbeline*

SHAKESPEARE (William), *Le Marchand de Venise*

SHAKESPEARE (William), *Mesure pour mesure*

SHAKESPEARE (William), *Beaucoup de bruit pour rien*

SOPHOCLE, *Œdipe tyran*

SOPHOCLE, *Œdipe à Colone*

WEDEKIND (Frank), *Théâtre complet, tome I (L'Éveil du printemps)*

WEDEKIND (Frank), *Théâtre complet, tome II (Lulu)*

WILLIAMS (Tennessee), *La Ménagerie de verre*

Sur le théâtre

AZAMA (Michel), *De Godot à Zucco, Anthologie des auteurs dramatiques 1950-2000,* coédition SCÉRÉN-CNDP
Vol. 1 : *Continuité et renouvellements*
Vol. 2 : *Récits de vie, le moi et l'intime*
Vol. 3 : *Le Bruit du monde*

DESCAMPS (Jérôme), *La Secrète Architecture du paragraphe, rencontre avec Philippe Minyana* (vidéo)

DUSIGNE (Jean-François), *Du théâtre d'art à l'art du théâtre. Anthologie des textes fondateurs*

FÉRAL (Josette), *Dresser un monument à l'éphémère, rencontres avec Ariane Mnouchkine*

FÉRAL (Josette), *Trajectoires du soleil. Autour d'Ariane Mnouchkine*

VINCENT (Jean-Pierre), CHARTREUX (Bernard), *Mise en scène des* Fourberies de Scapin *de Molière,* coédition Nanterre Amandiers

Achevé de réimprimer en novembre 2008
sur les presses de la Nouvelle Imprimerie Laballery
à Clamecy (58)
N° d'imprimeur : 811034

Composition et maquette :
Concordance(s)/Michel Delon à Mareuil-lès-Meaux (77)

Imprimé en France
Dépôt légal de la première impression : février 2005